PRIORIDADES PARA UN PLANETA EN TRANSICIÓN

LOS HERMANOS DEL ESPACIO POR LA JUSTICIA Y LA LIBERTAD

PRIORIDADES PARA UN PLANETA EN TRANSICIÓN

LOS HERMANOS DEL ESPACIO POR LA JUSTICIA Y LA LIBERTAD

GERARD AARTSEN

Titulo original: *Priorities for a Planet in Transition –
The Space Brothers' Case for Justice and Freedom*
1era Edición octubre 2015

Traducción al español por Gloria Inés Colombo
está basada en la edición revisada de 2017.

Créditos fotográficos:
Página vi: David D. Boyer. Página 13: Wang Xi Wen. Página 16: Simona
Bocchi. Página 20: arriba: imagen fija de un video de YouTube; abajo:
NASA. Página 22: SOHO. Página 24: NASA. Página 40 arriba: Wendelle
C. Stevens; abajo: imagen fija de video YouTube. Página 41: Brit Elders.
Página 54 arriba: fotógrafo desconocido; abajo: Robbert van den Broeke.
Página 60: Ocean X; Hauke Vagt. Página 89: Harry Perton. Página 91:
Per-Arne Mikalsen. Página 93: Mrs William Felton Barrett. Página 134:
Imágenes fijas de un video de YouTube. Página 150: Bernd Nachreiser.

ISBN-13/EAN-13: 978-90-815495-8-5

Publicado por BGA Publications, Amsterdam, Países Bajos, 2018.
www.bgapublications.nl

Diseño de cubierta: Miguel A. Rubio

Fotografía de cubierta:
*Imágenes fija de un OVNI capturada en un reportaje de la BBC News sobre una
manifestación en Hong Kong, el 30 de septiembre de 2014 (ver p.21 ff).*

A la humanidad.

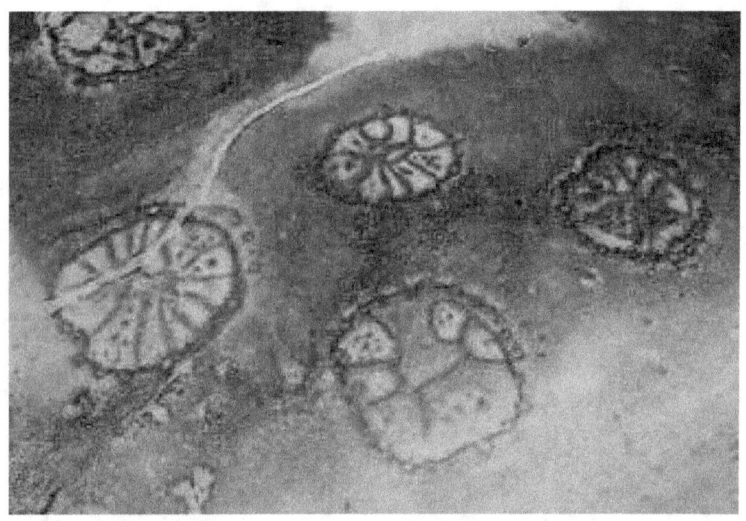

El sitio web de *LiveScience* informó el 14 de septiembre de 2011, que la gigantesca estructura de piedras con forma de rueda, tales como las que fueron "dibujadas" aquí en el Oasis de Azraq, en Jordania, fueron descubiertas en el Medio Oriente y se piensa que datan de por lo menos 2000 años. Según lo informado por Benjamin Creme (revista *Share Internacional* de noviembre de 2011) estos son antiguos registros de dibujos de naves espaciales. (Foto: David D. Boyer)

Contenido

Lista de fotografías

Prefacio

Más gente que nunca se encuentra en la actualidad dedicada a la investigación del fenómeno OVNI. Algunos persiguiendo o investigando avistamientos, otros entrevistando a testigos oculares, y otros ofreciendo teorías. Los propios OVNIs parecen obligarnos a ello al mostrarse a diario alrededor del mundo. Pese a los esfuerzos por desmentir su existencia cada vez son menos los avistamientos que puedan ser descartados con las absurdas excusas de drones, globos meteorológicos, satélites, destellos de bengalas, y pájaros. Y si se trata de naves secretas militares, el ejército debería despedir aquellos responsables de los avistamientos cuando estas naves están clasificadas como "ultra secretas".

La presencia de naves de otros mundos es innegable. Su presencia está muy bien documentada por los testimonios de los testigos oculares, las fotos y los registros de video. Poco hay que pueda agregarse.

En mi anterior libro, *Aquí para ayudar: OVNIs y los Hermanos del Espacio*, me dediqué a esclarecer el propósito de la visita extraterrestre, basado en la información que procedía de los primeros contactados de la historia moderna, en diversos países del mundo. Sus experiencias no estaban contaminadas por ninguna desinformación gubernamental o militar. Ello permitió lograr un relato convincente de que los esfuerzos de la gente del espacio apuntan hacia la interconexión de todo lo que es Vida, incluyendo el planeta y el Cosmos, y de cómo su mensaje está vinculado a la sabiduría tradicional de la humanidad.

En la actualidad comprobamos en cada sector de la vida humana, que no podemos continuar ignorando impunemente el hecho de que somos una unidad. Las crisis que pudieran haberse evitado de no haber hecho mofa de esta realidad espiritual, se apilan a una velocidad sin precedente. Mientras, los observadores económicos o analistas de sistema brindan garantías de que la economía es sustentable – basados tan solo en la magia financiera, enmascarando su verdadera índole tras la imagen de estar embarcados "sólo en negocios". Garantías que se emparejan ahora con la cantidad de advertencias sobre un colapso inminente.

Tal como se les anticipara a muchos contactados, el hecho de que hemos despreciado la realidad espiritual básica de la vida durante milenios, nos ha llevado al borde del desastre global. Hemos vivido con angurria, compitiendo uno con otro por tanto tiempo que lo hemos aceptado como hechos naturales. Son muchos entre nosotros los que ni siquiera pueden imaginar la vida, sin estos ladrones de la dignidad humana. Mientras, la elite global se alimenta de este mito –todavía vigente– y se aplica con éxito a las políticas económicas con el único propósito de obtener pingües ganancias por cada servicio público o necesidad humana.

Tanto los detractores como los opositores prefieren clasificar, o tal vez incluso denigrar los mensajes de los primeros contactados como 'neo religiosos'. Pero en el contexto de la crisis global, el común de estas personas habrá de asegurar que son, muy por el contrario, exploradores o postes indicadores de un sentido renovado de humanidad largamente esperado.

Después de encarar el tema de por qué los visitantes extraterrestres no se muestran a sí mismos, este libro presenta más evidencia aún que la brindada anteriormente, mediante la información de muchos contactados, coincidentes con la enseñanza de la Sabiduría Eterna. Muestra cómo su relato explica nuestro aislamiento cósmico, presenta alternativas para el modo en que hemos organizado la sociedad, y señala el horizonte de la humanidad.

En cada capítulo se ofrece un recuadro que proporciona información extra para aquellos conceptos que los lectores pudieran encontrar poco familiares o controvertidos y además, para cada capítulo hay una adenda que se extiende sobre algún aspecto, brindando mayor información que –espero– contribuya a su comprensión.

Los estudiantes de ufología o los contactados habrán de ver que mucho de lo dicho se confirma con eventos que efectivamente se dan en el mundo, o que pertenecen a la propia y tradicional sabiduría de la humanidad. Los estudiantes de las enseñanzas de la Sabiduría Infinita encontrarán corroboración en la información de los Hermanos del Espacio.

Ya en 1958 George Adamski dijo: "Demasiado estrés recae sobre el fenómeno de los avistamientos y sin embargo no alcanza para enaltecer suficientemente el avanzado sendero de vida que estos visitantes nos han mostrado. (…) En mi opinión, si la investigación llevada a cabo por los diferentes grupos se hiciera en forma mancomunada, muchos disensos se evaporarían, y se abriría ante ellos la posibilidad de un modo mejor para vivir. Deben recordar que lo que los hermanos del Espacio nos comunican no son palabras (…) sino una pauta posible de vida."[1]

Prioridades para un planeta en transición no dejará dudas sobre la validez de esta afirmación, ya que sesenta años en la "pauta de nuestra vida diaria" tal como es expuesta en estas páginas, es más crucial que nunca para nuestra supervivencia.

Ámsterdam,
Agosto de 2015.

---

1   George Adamski (1957-58), *Cosmic Science for the Promotion of Cosmic Principles and Truth*, Series No.1, Part No.3, Pregunta #58

Agradecimiento

El autor quiere expresar su agradecimiento a todos aquellos que le dieron acceso a sus materiales. También se siente eternamente en deuda con Benjamin Creme por su incesante clarificación de las enseñanzas de los Maestros de Sabiduría.

1. La presencia extraterrestre: ver el bosque a pesar de los árboles

Llama poderosamente la atención, ver y escuchar testimonios públicos de una docena de expertos tal vez más, que confirman la presencia extraterrestre. Todo aquel que haya mirado la compilación de seis minutos titulada: "Dejémonos de tonterías tales como platos voladores y visitantes extraterrestres"[1], también acordaría en afirmarlo.

Sin embargo, ninguno de estos testimonios era nuevo. Fueron publicándose a lo largo de seis décadas y en forma separada. Al parecer, tampoco resultaron suficientemente convincentes como para lograr la atención de los medios masivos de comunicación, de forma que el tema fuese tratado con la debida reverencia y seriedad. Juntos no obstante, y teniendo en cuenta que son declaraciones de personas que hablan desde el ámbito de una autoridad, responsable precisamente de *esconder* el hecho de la presencia Extraterrestre al público tal como lo es el Gobierno o bien el mundo Científico o Militar, conforman el escenario de una *revelación*.

Esto ya lo afirmé en mi anterior libro: *Aquí para ayudar: OVNIs y los Hermanos del Espacio*, mostrando cómo un número creciente de funcionarios en ejercicio tales como: el presidente del FIDE, y anterior Presidente de Kalmukia, Kirsan Ilyumzhinov; el Papa Juan XXIII, el astronauta de la Apolo 14 Edgar Mitchell, el Cónsul italiano Alberto Perego, el científico húngaro Ervin László, el anterior legislador de estado por New Hampshire Henry McElroy Jr., el anterior capitán de la Fuerza Aérea estadounidense Robert

1

Salas, y el anterior Ministro de Defensa de Canadá Paul T. Hellyer. Muchos más podrían agregarse a esta lista, así como un número creciente de celebridades; pero desde la publicación de mi libro se destaca el ejemplo de dignatarios que han llamado mi atención.

El primero: Lachézar Filipov, diputado director del Instituto de Investigación del Espacio búlgaro, quien declaró en el año 2009: "Los extraterrestres están siempre próximos y nos observan permanentemente. Lejos de ser hostiles quisieran ayudarnos pero nosotros no hemos madurado lo suficiente como para establecer un contacto directo con ellos."[2] Los miembros de esta Institución se sintieron incómodos por la publicidad que obtuvo la declaración de Filipov. En verdad, en lo que concierne a la tradición científica respecto de la presencia extraterrestre en la Tierra, expresaron su desconcierto apartando al Sr. Filipov de sus cátedras. No se calló por esto. En una entrevista que le fuera concedida en el marco del show matutino de la TV búlgara: *Tazi Sutrin* ('Esta Mañana') en el año 2012 confirmó: "Me expulsaron de todas las cátedras que tenía. Mis colegas se sienten molestos porque admití la existencia de una inteligencia extraterrestre y propagué el hecho de su presencia".[3]

En la misma entrevista describe el avistamiento de un OVNI sobre Estalingrado (ahora Volgogrado) en 1942 del que Stalin fuese informado. El Profesor Filipov cuenta cómo su profesor particular escuchó la historia de boca de un ingeniero en cohetes y diseñador de naves espaciales Sergei Korolyov. Y siguió diciendo: "En 1947 Stalin llamó a Korolyov y le dijo: "Hágase cargo de estos cuatro o cinco expedientes" encerrándolo en un cuarto por tres días para que analizase toda la información sobre OVNIs compilada hasta el momento. Cumplidos los tres días Korolyov le dice: 'Esto trata de un tecnología extraordinariamente interesante. Por el momento no representa ningún peligro para nosotros, pero no sabemos nada de ella.' Desde ese momento, toda notificación referida a los OVNIs fue derivada a la KGB."

En un episodio posterior a la revelación tácita y tangencial que se ha ido descubriendo pese a los buenos esfuerzos en sentido contrario desplegado por los gobiernos, el Primer Ministro ruso y anterior Presidente Dimitri Medvedev, le hizo unos comentarios a un periodista el 7 de diciembre de 2012 que supuestamente debían quedar entre ellos, pero se filtraron a través de internet: "Junto con el portafolio con los códigos nucleares, al Presidente le fue dada una carpeta enteramente dedicada a las visitas de extraterrestres a nuestro planeta. La información procede del servicio secreto especial que trata los asuntos de extraterrestres en nuestro país."[4]

Si se trata del mismo archivo al que Korolyov tuviese acceso en 1947, con el agregado de todos los años transcurridos desde entonces, podremos asumir que los presidentes rusos aventajan a sus contrincantes estadounidenses. No por nada el jefe de gabinete de Clinton, John Podestá, expresó su disconformidad respecto de la no publicación de los legajos sobre OVNIs cuando asumió como asesor del Presidente Barack Obama en febrero de 2015. En una conferencia de prensa organizada por la Coalición de la Libre Información en el año 2002 el Sr. Podestá dijo, respecto de la importancia de la revelación oficial al público: "Ya es hora de que sepamos qué es lo que hay ahí afuera, porque es lo correcto. Debemos hacerlo, francamente, porque el pueblo estadounidense es capaz de manejar la verdad. Y nosotros debemos hacerlo, porque es lo que dice la ley."[5]

Allá por el año 1950 el ingeniero canadiense e investigador gubernamental Wilbert Smith reflexionó: "Podríamos preguntarnos: si se sabe todo esto ¿por qué no se hace público, por qué no se estudian estos asuntos en vez de estudiar la fabricación de bombas atómicas? La respuesta dada fue: Porque ya ha sido publicitado." Sin embargo, añadió; "Aquéllos que tienen el control de nuestras sociedades están satisfechos con las cosas como están y habrán de resistirse a todo intento de cambiar algo que pudiera alterar sus vidas"[6] Su observación fue confirmada en comentarios hechos por el físico atmosférico James E. McDonald, quien abiertamente criticó la política del gobierno estadounidense que en los años '50 castigara con una multa de U$S10.000 o diez años de prisión a cualquiera que revelase información en el nivel de la base aérea como resultado de lo cual "nada parecido a una investigación científica se verificó en los últimos quince años".[7]

En su boletín de Junio de 1958, *Ciencia Cósmica,* George Adamski reproduce partes de las regulaciones para la Fuerza Aérea 200-2 iniciadas por el entonces Secretario de esa Fuerza, Harold E. Talbott de fecha 26 de Agosto de 1953, que restringía la publicación de "toda información al público, por parte del Comandante de la F.A. Base, concerniente al avistamiento de un OVNI, a menos que se lo pudiese identificar claramente como un objeto familiar o conocido."[8]

Ya en 1959 Howard Menger, otro de los contactados, fue muy claro respecto del silencio de los gobiernos: "Los funcionarios de gobierno en especial, se niegan a hablar porque alteraría nuestra economía. El conocimiento que se tiene de ellos describe una forma de vivir enteramente diferente. Es vivir de acuerdo a la Ley de Dios, no según la ley de los hombres. La mayor parte de las fuentes de energía en uso, quedarían obsoletas."[9]

Siguiendo en el mismo estilo que el argumentado por Wilbert Smith, mucha gente que acepta la presencia extraterrestre como algo desconcertante, se pregunta: "¿por qué no prueban su existencia mediante un aterrizaje masivo?", "¿por qué se mantienen tan distantes?", y otras por el estilo, que fueran expresadas al principio de la era de contactos, en 1950.

En respuesta a ello George Adamski explica: "...si no se comprende quiénes son ellos y el propósito de su venida, una aparición repentina aterrorizaría a la gente."[10] Más tarde agregó: "Los visitantes han permanecido prácticamente inadvertidos en la Tierra, atendiendo estrictamente a nuestras costumbres. Saben que a mucha gente le resulta difícil aceptar la existencia de seres

¿Quién realmente toma en serio a George Adamski?

Basado en su investigación, el renombrado autor británico Timothy Good dijo que "muchas de las afirmaciones de Adamski no podían ser pasadas por alto".[a] También reveló que "Adamski mantuvo una tarjeta de identificación del Departamento de Gobierno que le otorgaba acceso a las bases militares, y que mantenía contactos asiduos con militares que le comunicaron información relevante."[b]

Tras su entrevista con Adamski, el corresponsal de ciencia para el *Sunday Express* del Reino Unido, Robert Chapman declaró que:"...si se tratara de un alucinado, es la persona alucinada más lúcida e inteligente que haya conocido."[c] En relación a muchas de las fotos impugnadas de Adamski, J. Peverell, un experto en triquiñuelas fotográficas de Hollywood para ese entonces, dijo que si se tratase de fotos falsificadas, eran las más inteligentes que él hubiese visto. Por otro lado, catorce expertos de la compañía británica de filmación The Rank Group, llegaron a la conclusión que el objeto fotografiado o era real o se trataba de un modelo a escala completa.

El principal de la compañía de la Jetex Model Aircraft inglesa, Joseph Mansour expresó: "Pienso que las fotografías de Adamski no son fotografías de modelos porque en primer lugar, no lo creo capaz de realizar un modelo suficientemente bueno como para que estas fotografías pudiesen ser falsificadas"[d] Y en una escala a tamaño real le hubiese sido "imposible gastar toda esa enorme cantidad de dinero y aun así realizar un modelo que fuese semejante a la extraña nave."[e]

De la misma manera, William Sherwood, un físico óptico de la Compañía Eastman Kodak de EE UU examinó algunos de los últimos films de OVNIS realizados por Adamski, y los encontró absolutamente auténticos.[f]

En su libro *Alien Base* (1998), Timothy Good concluye que: "Aparte de mis propios prejuicios, me parece que es importante volver a enfatizar que gran parte de lo que Adamski dijo y escribió sobre la 'gente del espacio' y su tecnología es hoy, a la vera del siglo veintiuno, mucho más fácil de aceptar y es más científicamente relevante de lo que fuese hace cuarenta años atrás."[g].

Notas en página 36

humanos avanzados rodeándonos en el espacio. Son conscientes de los problemas que su contacto trae aparejado a la gente involucrada..."[11] el contacto marciano al que denominó "Firkon" dijo: "No nos hace feliz el secreto con el que tenemos que rodear nuestros encuentros. Mucho más nos placería ser bienvenidos y poder ir y venir, y visitar a vuestra gente como hacemos en otros mundos. Pero en tanto nuestras visitas no sean comprendidas y hagan peligrar tanto nuestras naves como a nosotros mismos, seguiremos siendo precavidos".[12]

Al escritor chileno Enrique Barrios, que alrededor de 1985 relató su experiencia en la novela *Ami, el Niño de las Estrellas,* se le dijo que el hablar con personas individuales "no interfiere en el ritmo de desarrollo de la Tierra, pero exhibirnos abiertamente y tener comunicación masiva, sí interferiría."[13] Y si hubiese un aterrizaje masivo "miles de personas morirían debido al shock. Recuerda todas las películas habidas sobre invasiones extraterrestres. No somos inhumanos, no querríamos provocar semejante daño."[14]

También Howard Menger dijo que la gente del espacio es consciente del daño no intencional que provocaría el destruir una civilización menor debido a la imposición de una sabiduría mayor en aquellos que no pueden comprenderla. Están muy afligidos por la forma en que encaramos la educación".[15] En algún otro sitio agregaron: "Aterrizajes masivos, grandes demostraciones y cosas semejantes, solo provocarían confusión. Los militares se involucrarían de inmediato, los gobiernos del mundo entrarían en una tormenta política buscando tan sólo su propio rédito. Habría histeria y posiblemente, pánico. Por eso en aras al interés de la humanidad, la gente del espacio nos aborda con precaución."[16]

Benjamin Creme, el esoterista británico que trabajó con gente del espacio en la década de los 50, dice: "Podrían aterrizar, hacer un alboroto y decirnos que están aquí, pero no lo hacen. Proceden con cuidado, sensatamente, de modo de no arrastrarnos al pánico.

Si bajasen y la gente entrase en pánico y se aterrorizase los Hermanos del Espacio se irían, sencillamente. Si la gente no se aterrorizase, y no entrase en pánico, las cosas entonces podrían ocurrir."[17] Como le dijera a Menger su contacto marciano: "Entendemos que no podemos convencer a toda la gente de este mundo a un tiempo; tampoco sería una buena idea, podría conmocionar a gente en estados de evolución más bajos."[18]

Alrededor de 1965 el holandés Stefan Denaerde también contactado, informó que: "el aislamiento cósmico de una raza inteligente no puede ser relevado hasta que el mínimo nivel cultural haya sido alcanzado; nosotros lo llamamos 'estabilidad social'."[19] Sus contactos le dijeron: "Para nosotros lo más importante es asegurarnos de que no se dañe vuestra libertad de pensamiento. Esa es la esencia de la humanidad, y si nosotros la dañásemos, para nuestro sentido de la ética estaríamos cometiendo un crimen."[20] Así que le urgieron: "Escribe tu libro en un claro estilo de ciencia ficción incluyendo ciertas inexactitudes, de manera que no pueda ser empleado como una lógica irrefutable. Debes dejar espacio para que la gente sea libre de creer o no creer, según elijan. Si alguno te preguntase sobre si realmente ocurrió lo que relatas, deberás negarlo y decir que se trata exclusivamente de ficción. Aquellos a quienes el libro les está destinado dirán: "A mí no me interesa si verdaderamente ocurrió, para mí es verdad. Ha cambiado mi perspectiva interior y ahora vivo conscientemente. Sé cuál es el significado de la vida.' (…) *No luches nunca para ser creído.* Tu deber es tan solo publicar esta información y nada más."[21]

No debiera entonces sorprendernos que diez años antes Adamski escribiese: "Todo lo que me fue solicitado es que transmita el conocimiento a mis semejantes, quienquiera que fuese, donde fuese que esté. Esto es lo que haré, dejando a cada uno el privilegio de creer o descreer, de beneficiarse con un conocimiento superior, o dejarlo de lado con desdén y escepticismo."[22]

Como dijera Wilbert Smith, investigador de OVNIs y también

contactado: "Hay una ley cósmica que previene de interferir en los asuntos de los demás, o sea que no les está permitido ayudarnos en forma directa aunque podrían fácilmente hacerlo. Nosotros debemos elegir según nuestro libre albedrío. La tendencia actual indica que hay una serie de eventos para los cuales podríamos requerir de su ayuda, pero se mantienen a un lado, listos para intervenir y prestarnos auxilio en línea con lo que no interfiera nuestra libre elección."[23]

"La línea que separa 'ayudar' de 'interferir' es muy delicada y hasta difícil de percibir en algunas ocasiones; nuestro nivel de discernimiento entre una y otra es una marca de progreso individual y colectivo. (…) Hay una ley básica y universal que garantiza el libre albedrío y la independencia para cada individuo de forma que pueda experimentar y aprender de sus elecciones. Nadie tiene derecho a interferir en los asuntos de otros. De hecho, los Diez Mandamientos son directivas contra la interferencia. Si no observásemos esta ley sufriríamos las consecuencias y si atendemos al estado deplorable del mundo, sabríamos atribuir este hecho a la violación de este principio."[24]

La seriedad con que acatan esta 'directiva fundamental' los visitantes del espacio, explica por qué muchos viven y trabajan entre nosotros sin que nos percatemos de su presencia. Los visitantes que contactaron a George Adamski por ejemplo, le dijeron: "Vivimos y trabajamos aquí porque en la Tierra es preciso ganar dinero con el cual comprar ropa, alimento y las diferentes cosas que es preciso tener. Hace varios años ya que vivimos entre ustedes."

Su contacto marciano, Firkon, explicó: "Tanto cuando trabajamos como cuando descansamos, nos mezclamos con gente de la Tierra sin traicionar jamás el secreto de que somos habitantes de otros mundos. Sería peligroso como ya sabes. Los entendemos muchas veces mejor que ustedes mismos y vemos claramente los motivos de las condiciones desalentadoras que los rodean."

"Sabemos que ustedes mismos han debido enfrentar el ridículo y la crítica por la insistencia en afirmar la vida humana en otros planetas cuando los científicos afirman que la vida allí es imposible. De modo que bien pueden imaginar qué ocurriría si diésemos a entender que nuestros *hogares* están en otros planetas. Si afirmásemos llanamente que hemos venido a la Tierra a trabajar y aprender, así como algunos de ustedes van a trabajar y a aprender a otros países, seríamos tratados como locos.

"Se nos permite hacer cortas visitas a nuestros hogares. A nosotros nos pasa como a ustedes cuando añoran un cambio de escena o ver a vuestros viejos amigos. También nosotros. Es preciso, claro, organizar estas ausencias durante las vacaciones ordinarias o incluso en los fines de semana, de modo que no se note nuestra ausencia."[25]

Los contactos de Howard Menger confirmaron esto: "Muchos de los nuestros están entre ustedes observando y ayudando en lo que pueden. En cada sitio: fábricas, oficinas, bancos. Algunos sostienen lugares de responsabilidad en organizaciones comunitarias, en el gobierno. Pueden ser empleadas domésticas, como también recolectores de basura."[26] Como explica Benjamin Creme, si un visitante del espacio estuviese trabajando con ustedes, no lo distinguirían. No sabrían que se trata de un ser de otro planeta."[27]

En ocasiones, para poder sostener este bajo perfil, le piden ayuda a sus contactos, como Menger lo explica: "Me encontré con que yo estaba ayudándoles de pequeñas maneras y en algunas ocasiones lo disfruté tanto como a los períodos de instrucción. Con frecuencia les he comprado ropa y la he llevado hasta los puntos de contacto. Los visitantes que acababan de llegar de otros planetas debían ser ataviados con vestimenta terrestre de forma de poder pasar inadvertidos entre la gente."[28] Sin embargo "nunca me pidieron documentos de identidad o que los ayudase a encontrar trabajo. Parecían ser capaces de resolver estos problemas por sí mismos, tras haberse aclimatado y acostumbrado a nuestras formas. Una vez vestidos a nuestro modo y enterados brevemente de nuestras costumbres, quedaban librados a sí mismos y no parecían experimentar dificultades."[29]

George Adamski explica: "Recordemos que no es nuevo para ellos viajar en el espacio, de modo que tienen familia y amigos establecidos por todas partes... Además la necesidad de identificación personal es un requisito relativamente novedoso, particularmente en los EE UU... hemos hecho mucho toletole en relación a los documentos de identidad pero en realidad no son tan difíciles de obtener."[30] Como está ya documentado en *Aquí para ayudar: OVNIs y los Hermanos del Espacio*, ha surgido mucha información similar respecto de los Casos de Amistad de los contactos con más de cien italianos y que comenzaron en 1956.[31]

Otro contactado norteamericano, Buck Nelson, fue notificado también del hecho de la presencia de muchos visitantes del espacio entre nosotros: "Aquéllos con quienes hablé, dominan bien el inglés. Parece que aprenden el idioma de la gente con la que habrán de estar en contacto. Me dijeron que hay muchos entre nosotros. Hasta han llevado a algunos funcionarios del gobierno en sus naves, pero esta gente teme hablar porque tienen mucho para perder si lo hacen. Personalmente no tengo familia que pueda sufrir por lo que me pase a mí."[32] En flagrante contradicción con el principio de libre albedrío al que se atienen con tanta disciplina los visitantes del espacio, y haciendo eco de las experiencias de George Adamski, el periodista italiano Bruno Ghibaudi y muchos otros contactados[33], el Sr. Nelson dio a entender que: "Si bien no puedo decir que he sido amenazado, sí me ha sido ofrecido un cheque por mil dólares si dejo de contar mi historia."[34]

La gente del espacio siempre ha sabido de las dificultades que tienen que enfrentar sus contactados. Como "Ramu" –otro contacto– le dijese a Adamski: "No eres ni el primero ni el único con el que hemos hablado. Hay muchos otros por todo el mundo, algunos de aquéllos que se animaron a hablar de sus experiencias fueron perseguidos – algunos incluso hasta amenazados de lo que ustedes llaman 'muerte'. En consecuencia nos mantuvimos en silencio."[35]

En 1970, el Dr. James McDonald, que había criticado al gobierno de los EE UU por no tomarse los avistamientos de OVNIs seriamente, fue un trágico ejemplo. Tras haber sido humillado durante una reunión del Congreso en el que rindiera evidencia del peligro potencial implicado para la capa de ozono, la construcción de una nave de transporte supersónica, un congresista del distrito en el que se habría de construir la nave puso su credibilidad en cuestión diciendo que el Dr. McDonald creía en "los hombrecitos verdes". Su compromiso respecto de la necesidad de abordar el tema de los OVNIs científicamente ya le había traído problemas maritales, y cuando su mujer le pidió el divorcio tras su humillación pública, lamentablemente se quitó la vida.[36]

O sea que mientras las autoridades terrestres hicieron todo lo que tuvieron en su poder para evitar que el público se enterase de la presencia de los visitantes extraterrestres, la gente del espacio siempre ha tenido la precaución de no forzar la evidencia de su existencia ante las personas sin preparación en la Tierra. Sin embargo, no vacilan en mostrar su presencia en avistamientos que involucran su presencia pública ante las cámaras de televisión, como lo demuestra la siguiente selección de los mismos por los medios de divulgación masiva u otros shows profesionales.

El 17 de julio de 2014 un equipo se hallaba filmando el fuego incontrolado de Smith Creek en Kelowna, Canadá. Cuando estaban entrevistando al jefe del grupo de bomberos de la zona, se mostró un metraje de un aeroplano extintor mientras arrojaba una carga de ignífugo sobre el bosque en llamas. Detrás de una nube sobre la montaña se pudo ver un objeto circular brillante volando velozmente a través de una fracción de cielo azul. En su informe en la red acerca del avistamiento, Castanet cita el sitio de los

Cazadores de OVNIs diciendo que desde 2008 se habían recibido 32 testimonios de avistamientos desde Keremeos, Columbia Británica, cerca de la frontera norteamericana con Salmon Arm, BC, 221 kms. al norte.[37]

En el distrito de Miraflores de la capital de Lima, la mañana del 10 de febrero de 2015 una producción del show de crimestoppers peruano, se encontraba filmando. El show es presentado por Renzo Reggiardo que también es un congresista. El sitio web *Perú esta semana* relata: "Reggiardo acababa de comenzar la filmación de su programa *Alto al Crimen* cuando su cameraman se distrajo con algo que flotaba distante en el cielo. Pospusieron la filmación por unos momentos para ver mejor al objeto volador." Otros testigos de la extraña nave así como otro miembro del equipo subieron un video con el objeto en YouTube.[38]

En abril del 2014 un grupo australiano se hallaba de tour en Nueva Zelandia entrevistando a artistas para el programa de arte *Color en tu vida* para Canal 74. El 3 de abril estaban en Queenstown en la Isla Sur filmando la secuencia de apertura para el show. Cuando un mes más tarde se encontraban editando el episodio, el presentador Graeme Stevenson divisó a dos OVNIs apareciendo desde una zona boscosa en el fondo atravesando el cielo. Nadie había visto estos objetos durante la filmación, ya que les había tomado apenas un segundo cubrir una gran distancia.[39]

Estos son algunos ejemplos alrededor del mundo, tomados al azar, de avistamientos de informes regionales o de programas cuyos productores quedaron tan atónitos como cualquiera, sorprendidos en ocasiones después de ocurrido el hecho, cuando se ven luces que no son de la tierra. Se podrían añadir declaraciones similares brindadas en forma prácticamente semanal. Por supuesto que también hay trampas publicitarias, bromas, que los detractores celebran como prueba de la imposibilidad de tomar en serio a los mismos. Así por ejemplo, las tretas marketineras del Centro Espacial en el estadio de Nat Bailey en Vancouver, Canadá el 9 de

El 23 de agosto de 2011 Wang Xin Wen, CEO del conocido sitio de compra chino, tomó algunas fotografías del malecón de Shangai, China. En una de estas fotografías se ve a un OVNI (circulado) a la derecha de la famosa torre de televisión. Ella publicó las dos fotografías en el blog chino de Sina Weibo.

septiembre de 2013[40] y las noticias en vivo del canal Argentino *Todo Noticias* que el 28 de febrero de 2015 causó un revuelo en internet, pero luego se verificó que era inventado al postearse el original auténtico de la noticia en su sitio web.[41] Pero a la luz de los ejemplos mostrados más arriba estas artimañas sólo sirven para validar la realidad de la presencia extra terrestre que impulsa a aquellos que lo impugnan a probar lo contrario.

Un avistamiento ocurrido a la entrada del Aeropuerto Internacional Chicago O'Hare en noviembre del 2006, y que fuera reportado por el *Chicago Tribune* en enero de 2007[42], habría de dejar perplejos incluso a bromistas y detractores. Se podría decir que la parte más memorable fue un intercambio informal que hubo entre el periodista del *Tribune*, Jon Hilkevitch que relató la información y el anfitrión del cable regional CLTV cuando se aprestaban para la entrevista. Este diálogo –que puede verse en YouTube– muestra a los periodistas compartiendo su entusiasmo ante la evidencia que se diera a conocer, incluyendo testimonios de los testigos oculares, personal del aeropuerto y pilotos.[43]

De manera similar, en China en el 2010 hubo varios avistamientos de OVNIs que fueran fotografiados por varias personas, fueron noticia y provocó el cierre de aeropuertos como en Hangzhou, al sudoeste de Shanghái, el 7 de julio de ese año y en Chongqing, 1700 km al oeste de Shanghái, el 15 de julio.[44] El 20 de agosto de 2011 a las 21hs. un piloto de la Línea Aérea China del Sur vuelo 6554 que vuela desde Guangzhou a Shanghái vio una enorme nave espacial. Cuando reportó el hecho al control de tráfico aéreo, se le dijo que ya se habían recibido información similar de alrededor de otros 10 aviones. Este avistamiento, que fue visto simultáneamente sobre Shanghái y Beijing fue fotografiado como una nube blanca, redonda, que se extendía.[45]

Últimamente las naves extraterrestres no parecen tener mucho escrúpulo en mostrarse para eventos televisados. Mientras el periodista estadounidense de la NBC informaba de la evacuación del estadio de la Universidad de Notre Dame en Notre Dame, Indiana el 3 de septiembre de 2011, una fuerte tormenta eléctrica interrumpió el match entre el equipo local Fighting Irish ("Combatientes Irlandeses") y el visitante South Florida Bulls. ("Toros de Florida del Sur") Una de las cámaras estaba filmando el cielo donde se veían varios objetos blancos y brillantes penetrando en una inmensa nube de la que salían momentos después.[46]

Ya en 1954 se habían reportado avistamientos durante otros eventos deportivos, como cuando los espectadores –en el Estadio *Artemi Franchi* en Florencia– rugían de emoción, no por el partido sino por los objetos que volaban sobre sus cabezas, lo que provocó que el referí suspendiese momentáneamente el partido.[47]

Pareciera que estos avistamientos se incrementan junto con la presencia de público en los estadios, habiéndose comunicado sobre el Estadio Olímpico de Londres cerca del final de la ceremonia de apertura a las tres de la mañana el 27 de julio de 2012[48], en el Weser Stadium en Bremen, Alemania el 6 de enero del 2014[49], y el Estadio Nuevo Gasómetro en el Bajo Flores de Argentina el 9 de abril de 2014[50], por ejemplo. (Resulta interesante que también apareciese un OVNI sobre el Estadio Olímpico de Londres en mayo de 2009, cuando todavía se estaba construyendo.[51])

Otros avistamientos muy publicitados ocurrieron durante la campaña del entonces candidato presidencial Barack Obama, en Pueblo, Colorado, EE UU. El 1° de noviembre de 2008, tres días antes de la elección. El OVNI fue fotografiado por alguien que vio el metraje del discurso por el canal MSNBC. El 20 de enero de 2009 alrededor de 30 minutos antes del comienzo de la inauguración del presidente electo Obama en Washington DC una cámara de la CNN estaba filmando las multitudes que se habían reunido para el evento, cuando un objeto que parecía un disco voló tras el monumento a Washington y sobre la multitud, antes de

OVNI fotografiado sobre el Maha Kumbh Mela en Allahabad, India el 9 de febrero de 2013. (Photo: © Simona Bocchi)

invisibilizarse. [52]

Un OVNI presenció un acontecimiento masivo en 2013: el Maha Kumbh Mela, el evento de fe de mayor concurrencia en el mundo, que tiene lugar cada tres años en una de las cuatro ciudades de la India. Se estimó que unas cien millones de personas visitarían el *sangam* (confluencia) de los ríos sagrados Ganges y Yamuna en Allahabad para un baño ritual. El 9 de febrero cuando una cantidad estimada en ocho millones de personas se había reunido a la vera de los ríos, Simona Bocchi, una afamada artista italiana que se hallaba viviendo en la India, estaba en Allahabad y sacó algunas fotografías del cielo sobre la confluencia. Cuando las examinó vio que una de sus fotografías mostraba una nave espacial que no era visible a simple vista. La Sra. Bocchi hacía ya tiempo que pensaba que había existencia extraterrestre y en los últimos años comenzó a experimentar avistamientos que a veces muestra en sus obras.

Benjamin Creme* –quien a través de su contacto telepático y su trabajo con un Maestro de Sabiduría, uno de los Hermanos Mayores de la Humanidad, que dice que están volviendo al mundo cotidiano en estos tiempos para supervisar nuestra segura transición a la nueva era de justicia y libertad para todos– confirma habitualmente avistamientos de naves extraterrestres. Lo hace a través de la revista *Share Internacional* de la que es su editor principal, agregando con frecuencia la procedencia de la nave avistada. Para el caso de la foto de la Sra. Bocchi, el Maestro de Benjamin Creme voluntariamente agregó la siguiente información: "Los ocupantes de la nave espacial estaban fotografiando la Mela. La gente de Marte está muy interesada en todo lo concerniente a la Tierra, y no siempre viajan en naves espaciales. A veces son traídos aquí para mostrarles lo que sucede."[53]

Para muchos que no están familiarizados con este tipo de

---

* Benjamin Creme falleció el 24 de octubre de 2016.

17

entendimiento telepático entre un Maestro de Sabiduría y uno de sus discípulos que trabaja en el mundo cotidiano, esto puede parecerle inverosímil, pero para cualquiera que esté habituado con las experiencias de los contactos antiguos, la noción de turismo interplanetario no ha de resultarle extraña. Por ejemplo, en ocasión de su primera visita a una nave nodriza, Kalna uno de sus huéspedes de Venus, le cuenta a George Adamski: "Se han construido naves similares no sólo en Venus, también en Marte, en Saturno y en muchos otros planetas. Pero no son para el uso exclusivo de un planeta determinado, sino que tienen el propósito de contribuir a la educación y el placer de todos los ciudadanos de toda la hermandad del Universo. La gente es por naturaleza una gran exploradora. Por lo tanto en nuestros mundos viajar no es el privilegio de unos pocos, sino de todos. Cada tres meses un cuarto de los habitantes de nuestros planetas embarca en estas naves gigantescas y zarpan en un crucero a través del espacio, parando en diferentes planetas, tal como vuestros cruceros amarran en distintos puertos. De este modo nuestra gente aprende acerca de la inmensidad del Universo y son capaces de ver directamente un poco más acerca de las "muchas mansiones" en la casa del Padre, a las que hace referencia vuestra Biblia."[54]

En respuesta a una pregunta Adamski añade luego: "El ser humano es un viajero por esencia. Disfruta al visitar lugares nuevos, mirando paisajes, y encontrándose con otra gente. Los afortunados de nuestro mundo que pueden pasar meses o años en otros países aprendiendo sus lenguas, sus costumbres y recibiendo nuevas ideas acerca de la gente con la que entra en contacto, enriquece su conocimiento sin más. (...) Es lamentable que vuestro sistema monetario haga imposible para la vasta mayoría de la gente de la Tierra a disfrutar de un viaje extenso."[55] En los otros planetas, en cambio, según los contactados por Stefan Denaerde aclaran: "no tenemos dinero pero todos pueden irse de vacaciones de este modo, si lo desean."[56]

Adamski añadió también que en algún momento llegaría a ser posible para los terráqueos ser remontados por una nave y llevados de vacaciones a aprender más acerca de sus modos de vida. "Hoy creo que habrá de llegar el día en que excursiones como esta sean más que una posibilidad. Pero, en tanto nos mostremos hostiles con los viajeros del espacio, o sigamos reaccionando con un intenso temor cuando las naves se acercan, estos viajes no serán factibles."[57]

Muchos contactados han expresado que a la gente del espacio nuestro planeta le resulta muy hermoso. Giorgio Dibitonto, el contactado italiano, escuchó a Rafael (o Ramu, como lo llamó Adamski) exclamar: "¡Qué hermoso es! … Vuestra Tierra es uno de los planetas más hermosos del cosmos. Y a pesar de ello está en peligro debido al orgullo y el egoísmo de aquellos que arriesgan la destrucción en proporciones inimaginables. Hace ya mucho, desde tiempos muy lejanos que venimos esforzándonos por ayudarlos para prevenir la catástrofe que ahora están preparando para la Tierra, tratando de influirlos en vuestras acciones en dirección del bien siempre en la medida que asegure vuestro desarrollo en entera libertad. Entre nosotros no existe el deseo de emplear la fuerza sobre la gente; no codiciamos poder."[58] En otro momento posterior, Rafael habló sobre la Tierra como "el mejor y más bello lugar para vivir en el reino universal del Padre".[59] En forma parecida se expresó el contacto del holandés Stefan Denaerde: "Este es el planeta azul de la luz que enceguece, el hogar de la bella raza humana de largas piernas. Es uno de los planetas más bellos que conocemos…"[60]

También reciben su parte de atención por parte de los visitantes del espacio, acontecimientos menores de naturaleza política, aunque tal vez más significativos en términos de los cambios necesarios en el mundo actual. El 12 de noviembre de 2012, al final de una marcha en Berlín, Alemania, se avistó un OVNI sobre

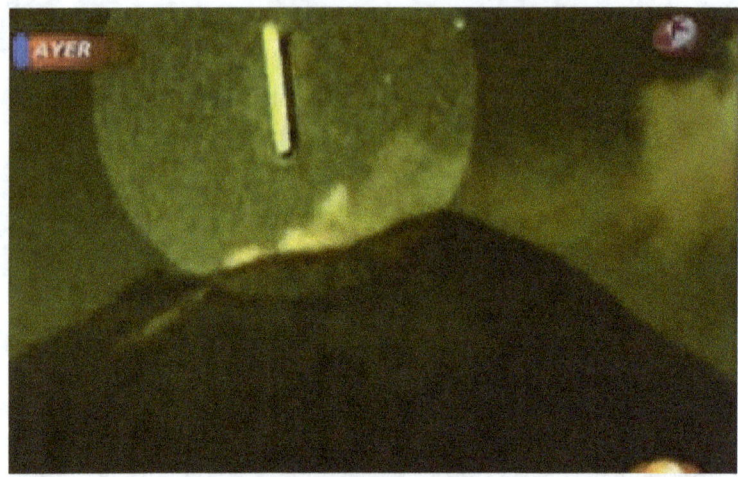

Objetos cilíndricos capturados cuando volaban dentro de la boca del Monte Popocatépetl, en México el 25 de octubre de 2012 (arriba) y sobre la superficie de Marte el 28 de abril de 2014 (abajo)

la Puerta de Brandeburgo. Lo vieron un grupo de manifestantes en momentos en que la multitud estaba por ser encarada desde el escenario.[61] En junio de 2013 se filmó un OVNI durante los reclamos masivos en Brasil, en Largo da Batata, en el centro de San Pablo. Apareció como una bola de luz brillante. Las demostraciones habían comenzado en abril ese año, para protestar sobre el aumento de las tarifas de transporte en algunas ciudades brasileñas, pero incluyó otros motivos de protesta en el desarrollo de las manifestaciones de oposición. El OVNI fue visto el 17 de junio, y el hecho fue comentado por el *International Business Times* del 20 de junio. Rápidamente se descartó que se tratase de un dron como algunos detractores consignaron pese a que varios sitios web de OVNIs mostraron videos de drones que eran fácilmente reconocidos como tales, mostrando a su vez el video del OVNI para confrontarlo.[62]

Comentando el avistamiento durante las protestas brasileñas, el editor de sitio web *Collective Evolution*, Arjun Walia, escribe: "Esto es algo que el Planeta Tierra nunca vio antes. La gente está despertando y oponiéndose a escala masiva a lo que está mal para ellos. En estos momentos hay protestas masivas en Brasil, para nombrar un sitio. La gente se está uniendo, de eso se trata.

"Al fin de cuentas somos nosotros los que debemos decidir en qué dirección elegimos ir. O hacia delante, creciendo y luchando por un lugar de amor, paz, cooperación y comprensión, o no. Si elegimos lo primero tal vez continuemos atrayendo amigos de los "altos espacios" que sienten del mismo modo… No estamos solos. Quizá otros allí deseen vernos cambiar el mundo y viviendo en forma más armoniosa entre nosotros, el planeta y todos los seres que lo habitan."

"El fenómeno OVNI […] parece coincidir con este despertar. Los avistamientos de OVNIs parecen incrementar exponencialmente cada mes a medida que la conciencia de la raza humana continúa expandiéndose y desarrollándose."[63]

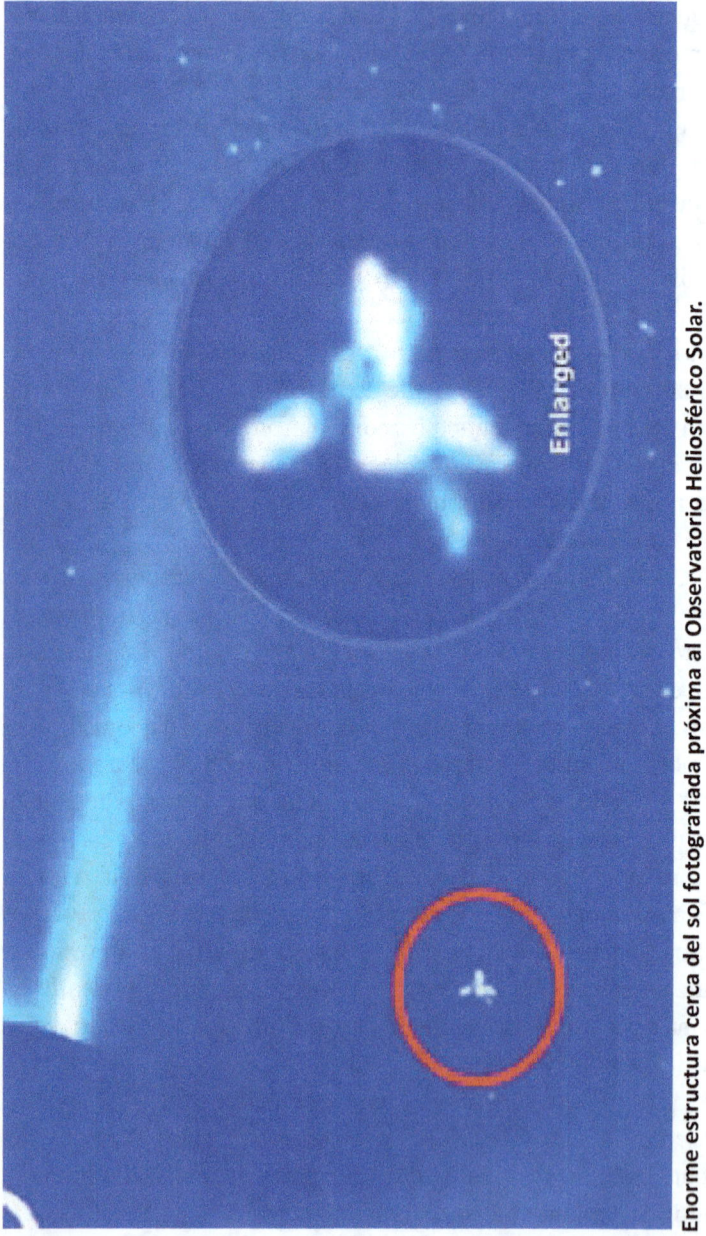

Enorme estructura cerca del sol fotografiada próxima al Observatorio Heliosférico Solar.

Vincent Smith, de Blantyre, Escocia se encontraba mirando la transmisión en vivo de la BBC cubriendo las protestas pro-democracia en Hong Kong el 30 de septiembre de 2014, cuando de pronto notó un objeto brillante y verdoso volando a la distancia. Dicho objeto pudo verse que se desplazaba entre los edificios de izquierda a derecha, descendiendo lentamente, y cuando sobrevolaba un edificio a la derecha de la pantalla, disparó hacia arriba verticalmente. Nuevamente aparecieron los detractores diciendo que se trataba de un dron, pero tanto la luz, como la velocidad que tomó superan ampliamente la tecnología actual de la Tierra.[64]

Aun cuando en ocasiones los medios emplean la artimaña de los drones para hacerlos pasar por OVNIs, son muchos los avistamientos que se oponen a esa explicación, como por ejemplo el de un objeto cilíndrico de un km de largo que se viera entrando por la boca del Monte Popocatépetl, un volcán activo al SE de la ciudad de México. El mismo fue registrado por una cámara fija de Televisa, extensa red mejicana de TV, tras una repentina erupción el 25 de octubre de 2012[65], y otro que fue registrado por la misma cámara el 30 de mayo del 2013. También está el OVNI que fuese visto destruyendo un temporal que se cernía sobre Rusia el 15 de febrero de 2013.[66]

Los que se interesan por el tema de los OVNIs sabrán que los avistamientos no se limitan a la Tierra. Alrededor de la Estación Espacial Internacional[67] suele verse basura espacial[68] pero este argumento hace aguas ante la nave cilíndrica fotografiada en Marte el 28 de abril de 2014 por el astromóvil de exploración marciana Curiosity[69] muy parecido al que se viera entrando el Popocatépetl en octubre de 2012. Otros avistamientos fuera de la Tierra incluyen un objeto volador que apareciera en la fotografía de un MSL tomada el 14 de julio de 2014[70], luces brillantes en Marte el 3 de abril del 2014[71] Y en Ceres, el mayor de los OVNIs en el cinturón del asteroide entre Marte y Júpiter el 19 de febrero

Se fotografiaron luces brillantes en Marte el 3 de abril de 2014 por el Curiosity (arriba) y en Ceres (abajo) el objeto más grande en el cinturón asteroide entre Marte y Júpiter el 19 de febrero de 2015 y el 6 de junio de 2015 (recuadro) por la Sonda espacial (Fotos: NASA)

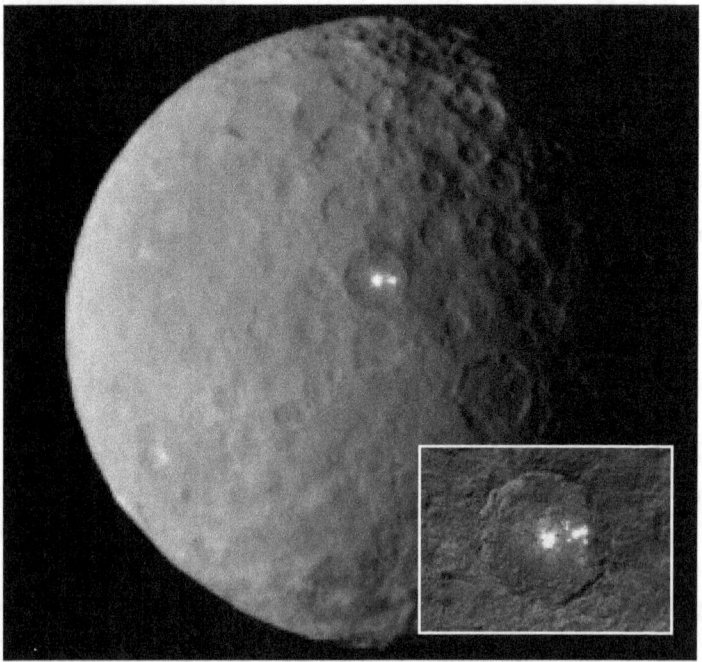

de 2015[72] y una gigantesca estructura fotografiada próxima al Sol por el Observatorio Heliosférico (SOHO) el 1ero de marzo de 2015.[73] Como con las afirmaciones oficiales que revelan la presencia de extraterrestres en la Tierra, el hecho de que este capítulo describa unas dos docenas de avistamientos en el término de apenas unos pocos años, tanto que no admite lugar para el debate sobre su autenticidad, da para pensar ¿por cuánto tiempo más los medios de comunicación en general habrán de mantener su marca de desprecio? ¿Por cuánto tiempo más se puede negar una verdad que se presenta en el gran escenario y que ignoran durante la cacería de titulares diarios?

Aquellos lectores que tengan algún grado de comprensión de cómo nuestros pensamientos, nuestras emociones y nuestras vidas están interconectadas, verán una clara reciprocidad en esto: en tanto como individuos sigamos preparados para correr tras cada nuevo espectáculo ya sea para alabarlo o retractarlo, sin otorgarnos el espacio necesario para evaluarlo o saborear la experiencia, nos estaremos privando de ver el escenario mayor y de poder reconocer aquellos avistamientos auténticos de los que no lo son, y su contexto. En tanto los medios sigan representando una magnificación de nuestros intereses y deseos, y nos proporcionen esa satisfacción inmediata que ansiamos, si nosotros mismos estamos demasiado distraídos con los árboles como para ver el bosque, no podremos culparlos por proveernos con espectáculos en vez de hechos reales.

En todo caso, debe quedar claro ahora que no es cierta la afirmación de que "ellos" no se muestran. Todo lo contrario. La conclusión necesaria es que sí lo hacen, y no sólo alrededor del mundo, sino cada vez más en todo el sistema solar. Están reclamando nuestra atención, es más, pero siempre cuidándose de resguardar nuestro libre albedrío y con respeto a nuestro derecho a negar lo obvio.

Anexo al capítulo 1:
"...de la boca de los niños"

En su libro *La Agrupación de las Fuerzas de la Luz – Ovnis y su Misión Espiritual* (2011), Benjamin Creme opina sobre la ridiculización de los contactados: "Ridiculizamos a aquellos que dicen la verdad [acerca de la presencia de ET], aun cuando la reconozcamos. Tendemos a rechazar la verdad, porque nos obliga a realizar cambios en nosotros mismos, en nuestro modo de pensar, de sentir, de actuar y reaccionar. Implica verdaderos cambios psicológicos, y eso es difícil de afrontar. Más fácil es, por lo tanto, negar que afirmar."[74]

La necesidad de burlarse es tan fuerte –de hecho la gente teme tanto el escarnio– que con frecuencia negamos lo que vimos con nuestros propios ojos. En el mismo libro el Sr. Creme describe un impresionante ejemplo de ello. Estando él y su señora en el norte de Gales con una amiga ésta expresó su deseo de ver un plato volador. "¿Lo creerías si lo vieses?" le pregunta a su amigo, quien responde: "Sí, lo creería. Si lo pudiese ver con mis propios ojos, por supuesto que lo creería." De hecho un segundo después ocurre un avistamiento espectacular, la amiga exclamó: "¡Vi un plato volador! ¡Vi un plato volador! Bueno, por lo menos Ben dijo que lo era. Pero no es posible. No puede haber sido. No, no, no pudo ser. No."[75] Es tal el poder del condicionamiento, que nos permitimos someternos a él.

Por el contrario, los niños que no están aún condicionados por aquello que es socialmente aceptable o no, están mucho más abiertos a lo insólito aún después de los tempranos años de "la magia". Así que cuando una niña llegó a su casa relatándoles a sus padres que había visto un OVNI, se le dijo que no hablara del tema que sólo se lo había imaginado. Pero ella era tan sólo una de sesenta y dos (¡!) que asistía al "Ariel School" en Ruwa, Zimbabue que presenciaron el avistamiento justo fuera del patio de juegos el 16 de septiembre de 1994.[76] Poco después del evento varios niños entre los 6 y los 12 años de edad, fueron entrevistados por la investigadora de OVNIs en Zimbabue Cinthia Hind y el periodista de la BBC Tim Leach, que encontró que aun cuando el relato de los niños difería en cuanto a la descripción de la nave, en el conjunto era sorprendentemente consistente. Ello convenció al personal que los alumnos habían visto algo muy inusual.

Algunos de los niños que habían estado más próximos al lugar de aterrizaje, dijeron haber visto a pequeños seres, de alrededor un metro de altura con cabezas grandes, vistiendo prendas luminosas de una sola pieza.[77] Algunos comentaron haberse asustado por la forma en que los miraban. Al ser entrevistados por John Mack, profesor de psicología de Harvard algunos meses después, él les preguntó: "¿Por qué creen ustedes que querrían asustarnos?", una niña le respondió, "tal vez porque no cuidamos apropiadamente ni del planeta ni del aire"[78] Precisamente, muchos de los niños dijeron haber "sentido" como si ellos estuviesen aquí para prevenirnos respecto del peligro de la polución. Y en una entrevista televisada con el holandés Tineje de Nooij, muchos refirieron haberse sentido privilegiados por ser testigos de su visita. Una niña expresó: "Creo que ellos quieren que la gente sepa que estamos dañando nuestro propio mundo y que no debemos tecnologizarnos tanto."[79]

Retrocediendo a la década de los 50', a las declaraciones formuladas en la revista británica *Flying Saucer Review*, especialmente en las noticias de OVNIs, *UFO AfriNews*, la publicación que Cinthia Hind editara desde 1988 hasta su fallecimiento en el 2000, muestra que en el continente africano han habido muchos más avistamientos de los cuales el resto del mundo no tiene noticia, porque la mayoría de los investigadores –que viven en otros sitios– se ocupan de avistamientos y desmentidas ocurridos en su propio país o continente. Afortunadamente la Sra. Hind ha investigado y documentado varios casos acontecidos en África en sus libros: *OVNIs – Encuentros africanos*, y *OVNIs sobre África*.

Uno de estos incluye a cuatro niños entre los 12 y los 16 años que vieron tres "señores plateados" en una colina en la reserva Groenland Wilderness en el Cabo Este de Sudáfrica. Aun cuando afirmaron no haber leído ni visto nada acerca de OVNIs, su encuentro cercano los dejó anonadados al punto de temer ser ridiculizados si referían los hechos a las autoridades.

El lunes 2 de octubre de 1978, Peter Simpson de 16, Jannie Bezuidenhout de 15, Hugo Ferreira de 12 y Joe Perino de 13, tras una noche de campamento en la jungla, aguardaban ser recogidos por la madre de Peter a las 11.15 am. Cuando se encontraban sentados en el suelo, esperando, Peter dice: "Los cuatro vimos esta cosa plateada brillando entre los árboles en el lado opuesto a nosotros a unos 900 metros de distancia. Pensé que se trataba de una piedra grande que brillaba al sol..." Al mismo tiempo Jannie Bezuidenhout vio a dos hombres plateados a unos 275 metros de donde estaban los chicos. Peter dijo que al principio pensaron que se trataba de cazadores furtivos, "pero luego pudimos ver que vestían trajes plateados como los bomberos. (...) Al principio eran dos y se movían de un modo extraño. No que caminasen mal, sino más bien parecían deslizarse sobre el aire." Hugo Ferreira añade: "Pensé que sus trajes eran de papel de aluminio." Tanto Hugo como Joe acuerdan en afirmar que parecían moverse como trolebuses.

Peter dice: "Los dos venían desde el objeto luminoso. Cuando llegaron a la mitad de la colina se les unió un tercer hombre que llevaba un maletín cuadrado y plateado. No sé de dónde venía este tercer hombre, simplemente apareció".

Los chicos dijeron que los hombres, que parecían tener el tamaño de seres humanos adultos, se treparon sobre una valla cuando uno de ellos miró hacia donde estaban ellos. "Parecía como si se hubiese detenido esperando a los otros dos a que atravesasen la cerca y luego nos miró. Pude ver que el traje plateado bajaba de su frente y luego sobre su rostro que era gris." Según Peter, después los hombres fueron sobre la valla hacia la cima de la colina y luego desaparecieron." Cuando se le preguntó si habían llegado a la cima, respondió: "No, simplemente desaparecieron". Hugo Ferreira agregó que cuando los hombres desaparecieron tampoco pudo verse más la "cosa redonda".

Peter Simpson también observó que mientras los hombres subían la colina no se inclinaban hacia delante como la gente hace normalmente, sino que se mantenían erectos. También pensó que a una persona común, entrenada, le hubiese llevado unos diez minutos subir la colina, en tanto todo el avistamiento, según los chicos, no duró más de 50 ó 60 segundos. De la investigación llevada a cabo por el periodista del Weekend Post, Keith Ross; un oficial de policía, dos rastreadores y un fotógrafo, se llegó a la conclusión de que en el lugar donde habían sido vistos los hombres extraños, no estaba encespedado como parecía a la distancia, sino que estaba cubierto de matorrales de unos dos metros de alto y era inaccesible. A los investigadores les llevó una hora y media alcanzar el lugar, en el que también hallaron "una depresión del terreno bastante grande". Según el comandante de policía Chris Powell, "la depresión no había sido producida por algo normal. Las marcas eran demasiado simétricas."

En vez de aguardar en el lugar convenido, los chicos fueron hasta la casa del guardabosque, pero no le contaron lo que habían visto por temor a que se riese de ellos. Cuando la madre de Peter le sugirió que le dijesen al Sr. Zeelie, su hijo le pidió: "Por favor, mamá, se va a reír de nosotros, esto es demasiado inverosímil."[80]

Los episodios de Ruwa y de Uitenhage no fueron, ciertamente los únicos avistamientos de naves espaciales extraterrestres testimoniados por chicos. El 6 de abril de 1966 cientos de estudiantes y profesores de Westall High School y residentes del suburbio de Westall de Melbourne, Australia, pudieron ver a un OVNI planeando sobre ellos durante varios minutos, antes de salir de escena a una velocidad increíble. La noticia tuvo eco en el Canal 9 de televisión y en el diario local. Además, un documental del 2010 muestra que no sólo pusieron en duda lo dicho por los estudiantes sino que hasta fueron silenciados por las autoridades. Debieron tolerar que el director les dijese que no habían visto cosa tal como un plato volador. Les dijo que no habían visto nada y que no debían hablar de ello con nadie sobre... bueno, que no habían visto nada.[81]

También en 1966, los primeros días del mes de marzo, dos chicos de Carson City en Michigan, EE UU. avistaron una nave espacial que había aterrizado en un pequeño terreno en las afueras de la ciudad. La testigo que entonces tenía siete años, que declarara haber sido testigo de un avistamiento ante la Red Mutual de OVNI, afirma que ella y su primo habían visto una nave en forma de disco, ascendiendo en zigzag desde un lugar con piezas de metal esparcidas alrededor. Cuando la madre fue al lugar, encontró que había un área de tierra quemada donde los chicos habían visto al disco.[82] Y el 29 de agosto de 1967, François y Anne-Marie Delpeuch de 13 y 9 años respectivamente, estaban en un terreno con su perro, cerca del pequeño pueblo de Cussac, en Francia donde vivían, cuando vieron lo que parecían ser cuatro niños bajo una larga esfera detrás de una esquina, a unos 40 metros. La esfera de unos 2 metros de diámetro era tan brillante que hería la vista. Cuando François llamó a los "niños", preguntándoles si querían jugar con ellos, abandonaron lo que estaban haciendo y corrieron a abordar la esfera, que partió. Según los niños los pequeños seres medían entre un metro, y un metro y 20cms. y estaban ataviados con un ajustado y brillante traje negro.[83]

En comparación con los testigos de Westall, los niños de estos últimos dos casos tuvieron la fortuna de ser tomados seriamente. Varios investigadores fueron para investigar el relato junto con periodistas de los medios. Tras leer mi anterior libro el productor cinematográfico holandés, Falco Friedhoff quiso encontrarse conmigo para compartir su historia de un encuentro cercano con un plato volador y su ocupante cuando era un niño.

En 1952, en tiempos en que Holanda sufría de una severa escasez de viviendas a consecuencia de la Segunda Guerra Mundial, la familia Friedhoff era una de las cinco familias alojadas en una casa solariega del rico poblado holandés de Bloemendaal que antes de la guerra fuese propiedad del director del Banco Central Holandés. Falco Fiedhoff tenía a la sazón cuatro años y se encontraba jugando con sus autitos en la arena. Era un día soleado, y esa tarde, contra el profundo azul del cielo, de pronto se aparece un plato volador planeando a una distancia de unos veinte metros de donde él estaba. El plato era pequeño y tenía una cúpula alta de vidrio.

Como el plato colgaba allí, quieto, el piloto se hacía bien visible. En su memoria, basado en la distancia entre él y el plato, el Sr. Friedhoff calcula que el hombre del platillo mediría un metro, estando de pie. Comentando su experiencia, con sus actuales 60, dice: "En mi memoria está tan fresco como si hubiese sido ayer. Y para mí, que tenía cuatro era la cosa más normal en el mundo. No me perturbé para nada al ver el plato volador con el pequeño ser en su interior. Lo saludé. No recuerdo si me respondió el saludo o simplemente sonrió, pero sí recuerdo que hizo señas de reconocimiento de un modo amigable. Hicimos contacto visual."[84]

Aun cuando el platillo se veía exactamente igual al tipo de imagen que el Sr. Friedhoff vería más tarde en algunas tiras cómicas con ilustraciones populares, afirma rotundamente que por entonces no los había visto. Así como nunca vio que se aproximaba el platillo, el Sr. Friedhoff dice que desapareció sin que él viese cómo se iba volando.

Estos testimonios sirven para mostrar cuánto más ricas podrían ser nuestras vidas y cuánto más en contacto con la realidad, si pudiésemos ver el mundo en nuestra adultez, con la inocencia del niño intacta.

Notas

1   Gerard Aartsen (2015), '¡Basta de las tonterías de divulgación OVNI/ ET!'. Accesible en <www.youtube.com/watch?v=U78n64c8K7A>

2   'Aliens "already exist on earth", Bulgarian scientists claim', *The Telegraph* [online], 26 de noviembre de 2009. Disponible en: <www.telegraph.co.uk/ news/worldnews/europe/bulgaria/6650677/Aliens-already-exist-on-earth-Bulgarian-scientists-claim.html> [Consulta: 2 de marzo de 2015]

3   Entrevista con Lachezar Filipov en BTV de Bulgaria, octubre 2012. Accesible en <www. youtube.com/watch?v=23WRbbWFBQI>

4   Comentarios fuera del aire en el contexto de una entrevista en la TV rusa, el 7 de diciembre de 2012. Accesible en <www.youtube.com/ watch?v=fnpmjXhQT9w>

5   Andrew Buncombe (2015), 'US Presidential aide John Podesta says biggest regret is not securing release of government records about UFOs'. *The Independent* [online], el 16 de febrero. Disponible en: <www. independent.co.uk/news/world/americas/us-presidential-aide-john-podesta-says-biggest-regret-is-not-securing-release-of-government-records-about-ufos-10049486.html> [Consulta: 2 de marzo de 2015]

6   Wilbert Smith (1969), *The Boys from Topside*, p.28

7   Entrevista con James McDonald (material de archivo), en: Rosie Jones (dir.; 2010), *Westall '66: A Suburban UFO Mystery*. Screen Australia, Film Victoria, Endangered Pictures, Australia. Disponible en: <www.youtube.com/playlist?list=PL6499D07FE5268266>

8   George Adamski (1957-58), *Cosmic Science for the Promotion of Cosmic Principles and Truths – Questions and Answers*, Series No. 1, Part No.4

9   Howard Menger (1959), *From Outer Space to You*, pp.163-64

10 George Adamski (1957-58), op cit, Part No. 1, Pregunta #17

11 Ibidem, Part 3, Pregunta #57

12 Adamski (1984), *Dentro de los Platillos Voladores*, edición inglés (1955) p.176

13 Enrique Barrios (1986), *Ami, el Niño de las Estrellas*, edición inglés (1989), p.32

14 Ibid., p.26

15 Menger (1959), op cit, p.108

16 Ibid., p.161

17 Benjamin Creme (2010), *La Agrupación de las Fuerzas de la Luz – OVNIs y su Misión Espiritual*, edición inglés p.16

18 Menger (1959), op cit, p.75

19 Stefan Denaerde (1977), *Operation Survival Earth*, p.16

20 Ibid., p.25

21 Ibid., p.153

22 Adamski (1984), op cit, pp.126-27

23 Smith (1969), op cit, p.29

24 Ibid., p.17

25 Adamski (1984), op cit, pp. 38-39

26 Menger (1959), op cit, p.92

27 Creme (2010), op cit, p.41

28 Menger (1959), op cit, p.71

29 Ibid., p.73

30 Adamski (1957-58), op cit, Part No.5, Pregunta #97

31 Ver Stefano Breccia (2009), *Mass Contact*, p.153 ff

32 Buck Nelson (1956), *My Trip to Mars, the Moon, and Venus*, p.13

33 Consulte por ejemplo Gerard Aartsen (2011), *Here to Help: UFOs and the Space Brothers*, 2da edición inglés 2012, pp.18-19 y 20-21 para ver algunos ejemplos de intentos de intimidar a los contactados para que no compartan sus experiencias.

34 Nelson (1956), op cit, p.13

35 Adamski (1984), op cit. p.40

36 Entrada de Wikipedia sobre James E. McDonald. Accesible en <en.wikipedia. org/wiki/James_E._McDonald#Late_life_and_death> [Consulta: 29 de marzo de 2015)

37 'Castanet's UFO? Video'. Sitio web Castanet, el 13 de agosto de 2014. Accesible en: <www.castanet.net/news/West-Kelowna/120861/Castanet-s-UFO-video> [Consulta: 7 de marzo de 2015]

38 Hillary Ojeda (2015), 'YouTube: Unidentified flying object recorded in Lima today'. *Peru This Week* [online], el 11 de febrero. Disponible en:

<www.peruthisweek.com/news-youtube-this-could-actually-be-ufo-filmed-in-lima-105252> [Consulta: 7 de marzo de 2015]

39 Sophie Ryan (2014), 'UFOs captured on film near Queenstown'. *The New Zealand Herald* [online], el 14 de maio. Disponible en: <www.nzherald. co.nz/nz/news/article.cfm?c_id=1&objectid= 11254875> [Consulta: 7 de marzo de 2015]

40 Megan Stewart (2013), 'Nat Baily UFO now identified as Space Centre "hoax"'. *Vancouver Courier* [online], el 10 de septiembre. Disponible en: <www.vancourier.com/sports/nat-bailey-ufo-now-identified-as-space-centre-hoax-1.618998> [Consulta: 7 de marzo de 2015]

41 'Viralísimo: el mundo habla de un "ovni" que apareció al aire en TN'. Todas Noticias [online], el 6 de marzo 2015. Disponible en: <tn.com.ar/tecno/f5/viralisimo-el-mundo-habla-de-un-ovni-que-aparecio-al-aire-en-tn_575204> [Consulta: 7 de marzo de 2015]

42 Jon Hilkevitch (2007), 'In the sky! A bird? A plane? A ... UFO?'. *Chicago Tribune* [online], el 7 de enero. Disponible en: <articles.chicago tribune.com/2007-01-01/travel/chi-0701010141jan01_1_craig-burzych-controllers-in-o-hare-tower-united-plane> [Consulta: 10 March de 2015]

43 'UFO Over Chicago O'Hare'. CrypticMedia [online], el 30 agosto de 2007. Disponible en: <youtu.be/0HUte_H9LKY>

44 'Second UFO seen over Chongqing'. China.org.cn [online], el 16 de julio 2010. Disponible en: <www.china.org.cn/china/2010-07/16/content_20509901.htm> [Consulta: 10 marzo de 2015]

45 'Mystery of glowing white ball in the sky'. English Eastday, el 23 agosto 2011. Disponible en: <english.eastday.com/e/110823/u1a6067786.html> [Consulta: 10 de marzo de 2015]

46 John Stevens (2011), ' "UFOs" spotted over football stadium as Notre Dame game comes to a standstill'. Mail Online, el 9 septiembre. Disponible en: <www.dailymail.co.uk/news/article-2035758/UFOs-spotted-football-stadium-game-comes-standstill.html> [Consulta: 7 marzo de 2015]

47 Richard Padula (2014), 'The day UFOs stopped play'. BBC News [online], el 24 de octubre. Disponible en: <m.bbc.com/news/magazine-29342407> [Consulta: 7 de marzo de 2015]

48 Natalie Evans (2012), 'UF-Olympics? "Alien spacecraft" caught on camera over the London 2012 opening ceremony'. *Daily Mirror* [online], el 31 de julio. Disponible en: <www.mirror.co.uk/news/uk-news/ufo-spotted-at-olympic-games-opening-1193663>. [Consulta: 10 de marzo de 2015] El Maestro de Benjamin Creme confirmó que esta nave no pertenecía a los Hermanos del Espacio, sino que era el faro utilizado por el Hermano Mayor de la humanidad, el Instructor del Mundo, Maitreya. (ver revista *Share Internacional*, edición inglés Vol. 31, No.7, p.13).

49 'Es leuchtete und schwebte über das Weserstadion'. Der Bund [online], el 9 de enero 2014. Disponible en: <blog.derbund.ch/zumrundenleder/

blog/2014/01/09/es-leuchtete-und-schwebte-ueber-das-weserstadion>
[Consulta: 7 de marzo de 2015]

50 'Misterio "cósmico" en San Lorenzo: ¿un OVNI sobrevoló el "Nuevo Gasómetro"?'. InfoBAE.com [online], el 22 de avril 2014. Accesible en <www.infobae.com/2014/04/22/1559029-misterio-cosmico-san-lorenzo-un-ovni-sobrevolo-el-nuevo-gasometro> [Consulta: 30 de marzo de 2015]

51 ' "UFO" spotted over London 2012 site'. BBC London [online], el 10 noviembre 2009. Disponible en: <news.bbc.co.uk/local/london/hi/people_and_places/newsid_8352000/8352111.stm> [Consulta: 10 de marzo de 2015]

52 Scott C. Waring (s.f.), 'US Presidents' [online]. Disponible en: <www.ufosightingsdaily.com/p/us-presidents.html> [Consulta: 10 de marzo de 2015] Ver también: Emily Smith (2009), 'UFO sees Obama become President', *The Sun* [online], s.f. Accesible en <www.thesun.co.uk/sol/homepage/news/article2165801.ece>. [Consulta: 10 de marzo de 2015]

53 El Maestro de Benjamin Creme (2013), comenta un informe sobre el avistamiento de Simona Bocchi. Revista *Share Internacional*, edición inglés Vol.32, No.3, p.12

54 Adamski (1984), op cit, p.68

55 Adamski (1957-58), op cit, Part 5, Pregunta #96

56 Denaerde (1977), op cit, p.35

57 Adamski (1957-58), op cit, Part 4, Pregunta #66

58 Giorgio Dibitonto (1990), *Angels in Starships*, p.8

59 Ibid., p.85

60 Denaerde (1977), op cit, p.88

61 Claudia Urbaczka (2012), 'UFO over German protest'. Carta al editor, revista *Share Internacional*, edición inglés Vol.31, No.1, enero/febrero 2012, p.33

62 Drishya Nair (2013), 'Mass UFO Sighting: Thousands watch "UFO" Hovering in Brazilian Skies during Protests'. *International Business Times* [online], el 20 de junio. Disponible en: <www.ibtimes.co.uk/mass-ufo-sighting-brazil-protests-aliens-truck-481193>; y Alejandro Rojas (2013), 'Protesters in Brazil film UFO while drone films protesters', Open Minds [online], el 20 de junio. Disponible en: <www.openminds.tv/protesters-film-ufo-while-drone-films-protesters-video-1057/22390>. [Consulta: 14 de marzo de 2015] Este avistamiento fue confirmado como una nave espacial de Venus por el Maestro de Benjamin Creme en la revista *Share Internacional*, edición inglés Vol.32, No.7, septiembre 2013, p.14

63 Arjun Walia (2013), 'Amazing Footage: Thousands Witness UFO over Brazilian Protests'. CE [online], el 20 de junio. Disponible en: <www.collective-evolution.com/2013/06/20/thousands-witness-amazing-ufo-over-brazilian-protests/> [Consulta: 14 de marzo de 2015]

64 Minnie Nair (2014), 'Mass UFO Sighting: Spaceship Shoots up Vertically during Hong Kong protests'. *International Business Times* [online], el 3 octubre. Disponible en: <www.ibtimes.co.in/mass-ufo-sighting-spaceship-shoots-vertically-during-hong-kong-protests-610489> [Consulta: 14 de marzo de 2015]

65 Carlos Fredo (2012), 'OVNI sobre el volcán Popocatépetl, octubre 2012'. StarMedia [online], el 2 de noviembre. Disponible en: <noticias.starmedia.com/insolito/ovni-sobre-volcan-popocatepetl-octubre-2012.html> [Consulta: 20 de marzo de 2015]

66 Siberian Times Reporter (2013), 'So did a UFO shoot down the famous Chelyabinsk meteorite last month?'. *The Siberian Times* [online], el 28 febrero. Disponible en: <siberiantimes.com/weird-and-wonderful/news-and-features/news/so-did-a-ufo-shoot-down-the-famous-chelyabinsk-meteorite-last-month/> [Consulta: 20 de marzo de 2015]

67 Norman Byrd (2014), 'UFO caught "monitoring" International Space Station on live camera'. Examiner.com [online], el 9 de octubre. Disponible en: <www.examiner.com/article/ufo-caught-monitoring-international-space-station-on-live-camera-video>. [Consulta: 20 de marzo de 2015]

68 Michael Rundle (2015), 'UFOs Outside the International Space Station: Why Do We Keep Seeing Them?'. Huffington Post UK [online], el 26 de enero. Disponible en: <www.huffingtonpost.co.uk/2015/01/26/ufos-international-space-_n_6546998.html>. [Consulta: 20 de marzo de 2015]

69 Mary-Ann Russon (2014), 'Nasa's Curiosity Rover Captures "Cigar-Shaped" UFO Orbiting Mars'. *International Business Times* [online], el 13 de maio. Disponible en: <www.ibtimes.co.uk/nasas-curiosity-rover-captures-cigar-shaped-ufo-orbiting-mars-1448451>. [Consulta: 20 de marzo de 2015]

70 Scott C Waring (2014), 'Dark UFO On Mars Caught by Curiosity Rover, July 2014'. UFO Sightings Daily [online], el 18 de julio. Disponible en: <www.ufosightingsdaily.com/2014/07/dark-ufo-on-mars-caught-by-curiosity.html>. [Consulta: 20 de marzo de 2015]

71 Jimmy Nsubuga (2014), 'Does this mystery white light captured by Nasa's Curiosity rover suggest there's life on Mars?'. *Metro UK* [online], el 8 de avril. Disponible en: <metro.co.uk/2014/04/08/does-this-mystery-white-light-captured-by-nasas-curiosity-rover-suggest-theres-life-on-mars-4692107/>. [Consulta: 20 de marzo de 2015]

72 'Bright lights on dwarf planet Ceres perplex NASA scientists'. *The Sydney Morning Herald* [online], el 27 de febrero 2015. Disponible en: <www.smh.com.au/technology/sci-tech/bright-lights-on-dwarf-planet-ceres-perplex-nasa-scientists-20150227-13qx5r.html>. [Consulta: 20 de marzo de 2015]

73 'Huge UFO spotted on SOHO image'. UFO Sightings Hotspot blog [online], el 1 de marzo de 2015. Disponible en: <ufosightingshotspot.

blogspot.nl/2015/03/huge-ufo-spotted-on-soho-image-mar-01.html>. [Consulta: 20 de marzo de 2015]

"...de la boca de los niños"

74 Creme (2010), op cit, p.16
75 Ibid., pp.22-23
76 Stephen Coan (2008), 'The day the aliens landed'. *The Witness* [online], el 16 de abril. Disponible en: <www.witness.co.za/index.php?showcontent &global[_id]=6379>. [Consulta: 26 de marzo de 2015]
77 Cynthia Hind (1995), 'The Children of Ariel School'. *UFO AfriNews*, No.11, febrero de 1995, pp.19-22
78 Stéphane Allix (dir.; 2011), *Experiencers*. 13E Rue, France. Disponible en: <www.youtube.com/watch?v=BHy58wMgsrU>
79 *Tineke's paranormale wereld*, RTL4, Países Bajos (el 27 de marzo de 1996). Disponible en: <www.youtube.com/watch?v=g41mxGQPp0k>
80 Hind (1982), *UFOs – African Encounters*, pp.138-145
81 Rosie Jones (dir.; 2010), *Westall '66: A Suburban UFO Mystery*. Screen Australia, Film Victoria, Endangered Pictures, Australia.
82 Roger Marsh (2015), '1966: Michigan children discover landed UFO in local field'. MUFON Case No. 63749, el 13 de marzo. Disponible en: <www.mufon.com/ufo-news/-1966-michigan-children-discover-landed-ufo-in-local-field>. [Consulta: 28 de marzo de 2015]
83 'Two children encounter UFO and small humanoid beings in Cussac, France'. UFO Evidence, s.f. Disponible en: <www.ufoevidence.org/cases/case705.htm> [Consulta: 28 de marzo de 2015]
84 Entrevista personal con Sr. Falco Friedhoff, Amsterdam, Países Bajos, el 4 abril de 2014

George Adamski (p.5)

a Timothy Good (2000), *Unearthly Disclosure*, p.256
b Ibidem, p.262
c Robert Chapman (1972), *UFO – Flying Saucers over Britain?*, reimpresión desde 1974, p.115
d Waveney Girvan (1960), 'The Adamski Photographs – an open challenge'. *Flying Saucer Review*, Vol.6, No.2, de marzo-abril, p.4, citando una carta de Joseph N. Mansour de noviembre de 1954.
e Waveney Girvan (1955), Carta al editor. El diario *The Observer*, el 25 de octubre; Desmond Leslie (1984), Prelogo a Adamski's *Dentro de los Platillos Voladores*, edición inglés (1955) p.23.
f Entrevista con William Sherwood en M. Hesemann (1996), *UFOs: The Contacts – The Pioneers of Space*.
g Good (1998), *Alien Base*, p.155

2. Aislamiento cósmico de la tierra: un confinamiento autoimpuesto

A mediados de 1960, una tarde de verano el hombre de negocios holandés Adrian Beers –Ad para los íntimos– y su familia, se encontraban navegando por el Oosterscheldt, amplio estuario al SO de Holanda, cuando su brújula pareció romperse. Mientras viajaban de regreso al puerto lo sorprendió de pronto una fuerte luz de reflector. Pese a girar la máquina al máximo no pudo evitar que el bote golpeara contra algo sólido. Mirando con mayor detenimiento parecía que la embarcación había topado el casco de un bote dado vuelta, a la vez que vio un cuerpo flotando cerca. Al saltar por la borda con una cuerda salvavidas, el Sr. Beers se encontró a sí mismo parado sobre una superficie sólida a la profundidad de un metro. Poco después que hubo asegurado la cuerda alrededor del cuerpo que flotaba, alguien que vestía parecido a la persona que se ahogaba, se acercó vadeando para ayudarlo en el rescate. Más tarde el Sr. Beers describiría a esta persona con un "rostro similar al de un animal, con grandes pupilas cuadradas en los ojos, que eran a la vez hipnóticas y confiadas". Se sorprendió como si lo atravesase un rayo.

Allí se dio cuenta que se trataba de visitantes de otro planeta que en agradecimiento por sus esfuerzos en el rescate, le ofrecieron compartir información detallada de su mundo. Por dos días fue invitado a visitar la nave sumergida donde se le mostraron vívidas imágenes del estilo de vida en "Iarga", como llamó a su planeta. Supo así de su organización social con detalladas explicaciones de la filosofía subyacente. Esta fue –como era de esperar– una experiencia que habría de cambiar la perspectiva del mundo de Ad hasta el tuétano.

Como era el director general de una empresa holandesa importadora de los camiones Scania suecos, el Sr. Beers contó su historia bajo un pseudónimo y en forma de ciencia ficción. Empleó el nombre de Stefan Denaerde (contracción de 'Stef van de Aarde' o 'Esteban de la Tierra') en un libro que fue bestseller en 1969 y que tuvo varias reimpresiones. En 1977 se publicó la primera edición en inglés bajo el título *Operación: Supervivencia Tierra*, en tanto que en 1982 se publicó otra edición revisada y ampliada por el desaparecido Wendelle Stevens como *Contacto del Planeta Iarga*.

Muy impresionado por lo que se le había mostrado y explicado, cuando la relación se hizo más íntima el Sr. Beers/Stefan Denaerde le pidió a sus contactos del espacio mayor información tecnológica para realizar progresos en la civilización de la Tierra. La respuesta no pudo haber sido más frontal: "Lo que menos precisan es información tecnológica. Sólo ampliaría la brecha entre vuestro desarrollo intelectual y vuestro inexistente desarrollo social. Continúen con los sondeos en Marte mientras tanto, ya que la mitad de la población de vuestro mundo vive en pobreza y hambre. La única información que precisas es en el terreno de los estándares sociales."[1]

Según sus contactos, este también es el motivo por el cual la humanidad ha estado en aislamiento cósmico durante miles de años: "Carecen de los valores, de la ética, de una civilización desarrollada. (...) Ello obstaculiza la integración cósmica."[2]

A pesar de las protestas en contrario, un grupo de elite controla la tecnología espacial y tiene definida una civilización "escindida" con el propósito de controlar los recursos de la humanidad – muchos otros recibieron la misma información que Denaerde. Permítasenos recordar que Benjamin Creme, basado en sus contactos con uno de los Maestros de Sabiduría, afirmó que pese a que ciertos países han alcanzado cierto grado de tecnología 'anti gravitacional' ninguno alcanzó "un total control del espacio (...) como lo demuestran nuestros Hermanos del Espacio."[3] Recientemente –en 2008– el Dr. Edgar Mitchell astronauta de la Apolo 14 declaró en una entrevista, que se siente un privilegiado por saber que hemos sido visitados desde otros planetas. "En los últimos 60 años hemos progresado algo en ingeniería inversa (...) pero hasta el momento no es lo suficientemente sofisticada, como la que aparentemente poseen nuestros visitantes."[4]

Apoyado por estas afirmaciones que lo corroboran, y la inconveniencia del hecho de que la elite es propietaria de la mayor riqueza del planeta, hecho que le otorga una influencia indebida en los procesos democráticos y judiciales de muchas naciones, me parece que sería oportuno dar por terminada la pretensión de 'programa espacial secreto' denominándolos "Especulación", simple y llanamente.

Enrique Barrios a quien se le pidió que escribiese su libro *Ami, el niño de las Estrellas* como un cuento para niños, le dijeron que una raza egoísta no es realmente inteligente: "Nunca alcanzan el nivel científico necesario para abandonar sus planetas e ir a invadir otros mundos. Más fácil es fabricar bombas que construir naves intergalácticas... y si una civilización carece de bondad y se las arregla para adquirir un elevado nivel científico, más tarde o más temprano, habrá de usar este poder en su contra, mucho antes de poder viajar a otros mundos."[5] Respecto de la Tierra en particular, "la relación matemática entre ciencia y amor se inclina terriblemente hacia el lado de la ciencia; millones de civilizaciones similares se han autodestruido. Este es el momento para cambiar, un momento muy peligroso."[6]

El contacto de Barrios dice que todo está interrelacionado, pero que nosotros (la humanidad) no entiende la ley que lo enlaza todo... ¿o es que no queremos verlo?"[7], en tanto que a George Adamski se le dijo que: "Vivir en paz con los semejantes no es más que un tema de comprensión y compasión. Es una Ley Universal

Arriba a la izquierda: El "tjalk" del Sr. Beers, una típica barcaza holandesa con su característica "vela en abanico", en la que navegó hacia el OVNI sumergido.
Abajo a la izquierda: El Sr. Beers/Stefan Denaerde entrevistado por el holandés de la TV KRO en la playa del estuario de Oosterscheldt en 1969.

Abajo: El contactado Stefan Denaerde –izquierda– con el investigador de OVNIS Wendell Stevens. (Foto: Brit Elders)

que todos debemos aprender y aplicar en nuestros contactos diarios con los demás si queremos progresar."[8] También al contactado por Bruno Sammaciccia in el Caso Amicizia (Amistad), se le dijo: "Este es un punto crítico en vuestra historia; un punto de giro en vuestra tecnología, pero vuestro entusiasmo infantil les hace olvidar los valores morales. Sería una pena que, porque todo surge de la moralidad, y todo se realiza en aras a esos valores."[9] Él mismo escribió: "Ellos (los visitantes del espacio) ponen su moral (antes) que la técnica, en tanto que nosotros hacemos precisamente lo contrario."[10] Estas afirmaciones están en armonía #43 con las de Maitreya, (esperado por muchos como el Instructor del Mundo para la Nueva Era), cuando en 1978 advirtió que urgía superar la tragedia más duradera de la Tierra: "En todo el mundo hay hombres, mujeres y niños que carecen de lo imprescindible para vivir; se amontonan en las ciudades de los países más pobres del mundo. Este crimen Me avergüenza. Hermanos míos, ¿cómo pueden verlos morir delante de vuestros propios ojos y seguir llamándose personas?"[11]

Que esta ley natural, este balance sea tan manipulado con referencia al material llámese científico, político o económico; a expensas de nuestros hermanos y hermanas, no es nada nuevo como lo señalara tantas veces George Adamski: "Todos los grandes maestros han enseñado la ley de respeto, amor y fraternidad. Jesús, cuyas enseñanzas son la base del denominado mundo cristiano, nos dio un mandamiento… el mandamiento del amor sin juicio. Sin embargo, miren las divisiones, los resentimientos y odios que prevalecen en la Tierra. Estas cosas han llevado a la guerra y rumores de guerra que nos confrontan de cada lado. Si la gente de otros planetas hubiese atendido sus enseñanzas de la misma manera que nosotros, los terráqueos, ellos también estarían experimentando el desconcierto y la oscuridad que nos rodea hoy."[12] No obstante según Ami, el personaje de Enrique Barrios, la tristeza es hoy mayor que en tiempos pasados porque "la gente antes

¿El Instructor del Mundo? ¡No, otra religión no!

La idea de que la evolución de la consciencia es una función de la Vida y un hecho de la Naturaleza fue formulada por primera vez, para el conocimiento público por H.P. Blavatsky en sus obras *Isis sin Velo* (1877) y *La Doctrina Secreta* (1888). Con ello, volvió a familiarizar al ser humano con la noción del reino espiritual, como una evolución del reino humano, consistente en los Maestros y los Iniciados en la Sabiduría, también conocidos como la gran Logia Blanca, o en términos cristianos, el Reino de Dios (o de los Cielos).

De acuerdo con estas enseñanzas de la Sabiduría Eterna, de la que las obras de Blavatsky representan la fase preparatoria, al comienzo de cada era cósmica la jerarquía espiritual envía un Maestro de los suyos al mundo para inspirar a la humanidad de ese tiempo con una nueva revelación sobre la realidad espiritual detrás de nuestra existencia física. Las enseñanzas transmitidas por ellos invariablemente derivaron en la conformación de dogmas religiosos por sus seguidores, debido al escaso desarrollo individual e intelectual humanos.

George Adamski estaba bien al tanto de esta Ley de la Aparición Cíclica de los Maestros, cuando se refirió a "las Leyes Universales que han sido transmitidas a través de los siglos por los Hombres de Sabiduría."[a] De hecho era uno de los discípulos de los Maestros de Sabiduría que estudió con ellos en el Tíbet. Las percepciones obtenidas en sus estudios fueron el fundamento de su primer libro, *La Sabiduría de los Maestros del Lejano Oriente*, publicado en 1936. Aparte de H. P. Blavatsky, otros que también estudiaron con los Maestros fueron Rolf Alexander M.D., Murdo MacDonald-Bayne y Baird T. Spalding.[b]

Esta revelación reiterada por un nuevo Maestro es conocida como la Doctrina del que Viene es demostrada en casi todas las religiones como la vuelta esperada de un maestro: Los cristianos esperan la Segunda Aparición, los judíos siguen esperando al Mesías, los budistas esperan el quinto Buda, los hindúes la décima encarnación de Vishnu o Kalki Avatar y hay grupos islamistas que esperan al duodécimo Mahdi o Imán Mahdi.

Mientras que muchos de los contactados en un principio hablaron del Segundo Advenimiento en términos místicos como de una experiencia subjetiva a escala masiva, al contactado italiano Giorgio Dibitonto se le dijo en 1980: "Ningún hecho acaecido hasta ahora puede compararse con el que les espera. (...) Serán guiados por un nuevo Moisés al que todos amamos y admiramos mucho. Él dirigirá a toda la gente en su nuevo éxodo, como un buen hermano o padre."[c] El Maestro tibetano Djwhal Khul anunció en 1948 que debido a los sufrimientos padecidos por la humanidad durante las dos Guerras del Siglo 20, el Cristo ha decidido "reaparecer o volver a hacer visible Su Presencia en la Tierra tan pronto como sea posible."[d]

Según las enseñanzas, un Instructor del Mundo, bajo el nombre aquél por el cual sus seguidores lo reconozcan, generalmente se manifiesta adumbrando la consciencia de un discípulo, como Buda lo hizo a través del Príncipe Gautama, y el Cristo a través de Jesús en Palestina. George Adamski sabía de esta diferencia cuando en 1962 escribió: "...Jesús era una personalidad y el Cristo es la consciencia consciente o la consciencia cósmica. Jesús como individuo, se disciplinó a sí mismo para permitir que la consciencia (Crística) se expresase a través de su cuerpo..."[e] Los estudiosos de la Sabiduría Eterna saben que hasta 1929 el fallecido educador y filósofo Jiddu Krishnamurti fue preparado como un vehículo posible para la manifestación del Instructor del Mundo de la Nueva Era.

Benjamin Creme –autor británico y esoterista– dio charlas como contactado, sobre la misión espiritual de los Hermanos del Espacio en los 50' y en 1974 inició la misión de informar al mundo que en esta oportunidad vendría el propio Instructor del Mundo que según Creme se llama Maitreya llegó a Londres, centro del mundo moderno, en julio de 1977 y ha estado desde entonces preparando a la humanidad y el mundo para su manifestación tan pronto como fuese posible. Creme siempre sostuvo que el Maestro no viene como un líder religioso, o para formar seguidores para ser 'salvados', sino con el propósito de enseñar a la humanidad el Arte de la autorealización (ver también página 129) y a establecer correctas relaciones humanas como base de una nueva dispensa. La última información brindada por Creme en julio de 2015 es que el largamente esperado Día de la Declaración, podría tener lugar en el término de un año y medio, pero más probablemente cuando los actuales sistemas, económico y financiero hayan colapsado.[f]

Notas en página 81

era menos sensible y sufría menos las atrocidades. Ellos creían en la guerra, la de ahora no."[13] También los contactos de Stefan Denaerde hicieron referencia a las enseñanzas de Jesús cuando le dijeron: "No es preciso hacer complicadas comparaciones para descubrir quién es y quién no es rico. La mitad del mundo se encuentra ocupada en curas de adelgazamiento y la otra mitad sufre de mala nutrición y hambre. Las palabras de Cristo que hacen referencia a esto, no dejan lugar a dudas: 'Porque cuando tuve hambre, me saciaste y cuando estuve sediento me diste a beber. Verdaderamente os digo, cuando lo hayas hecho por el más pequeño entre estos, lo hiciste por mí.'"[14]

En una aguda descripción de la situación en la que nos encontramos hoy, Barrios escribe: "Cuando el nivel científico subyuga al nivel de amor en el mundo, ese mundo se autodestruye. Hay una relación matemática… Si el nivel de amor de un mundo es bajo, hay infelicidad colectiva, odio, violencia, división, guerras y un nivel peligroso de capacidad autodestructiva."[15] De ahí que uno de los contactos marcianos de Adamski nos exhorta: "Ahora que vuestro conocimiento científico ha superado tanto vuestro progreso social y humano, la grieta *debe* ser cubierta con urgencia."[16] También a Daniel Fry autor de *El incidente de White Sands,* se le dijo: "Vuestros filósofos, tanto del pasado como los actuales le han dado amplias instrucciones a vuestra gente. Sabiduría amplia con la que trazar el curso apropiado… si tan solo comprendiesen la absoluta necesidad de seguirla. (…) En vuestros libros de religión y de filosofía hay muchas afirmaciones que demuestran que los grandes pensadores de la raza a través de las edades, han sabido de los peligros de enfocarse tanto sobre el material científico."[17] De manera que "a menos que hallen formas y maneras de estimular el crecimiento del espíritu y de las ciencias sociales en la tierra, llegará inevitablemente el tiempo en que el énfasis sobre las cosas materiales habrá de ser el responsable de vuestro colapso civilizatorio. Entonces la ruina y la destrucción caerán tanto sobre el lado espiritual como sobre el aspecto social de vuestra civilización."[18]

En armonía con la negativa de los contactos de Denaerde a compartir mayor conocimiento tecnológico, en la década de los 50 a Orfeo Angelucci un estadounidense sus contactos le dijeron: "No está permitido en la actual fase autodestructiva del conocimiento científico humano, brindarles nueva información. Estamos trabajando para que ese conocimiento transmute su propósito hacia objetivos constructivos en la Tierra. Esperamos también brindarles a los hombres un conocimiento y comprensión más profundos respecto de su verdadera naturaleza y una mayor percepción de la crisis de evolución que enfrentan."[19]

Esta crisis de evolución, es una crisis en la consciencia humana: aun cuando internamente sepamos que somos todos una sola especie, una sola raza, debido al impacto que tuvo el desarrollo de la conciencia de la individualidad junto con la sensación de separatividad, externamente surge la competencia más feroz entre individuos. Al punto que 80 individuos acumulan juntos más riqueza que el 50% más pobre de la humanidad en su conjunto. Según Oxfam, para 2016 el 1% más rico de la humanidad poseerá más que el 99% restante. Ello incluye a mil millones de personas viviendo con menos de 1.25 dólares por día.[20] El Instructor del Mundo ha denominado a esta grosera inequidad "un tumor", a través de sus colaboradores. "No sólo caen en bancarrota grandes instituciones financieras; el mundo entero está cayendo en bancarrota – mental y espiritualmente. El mundo está atravesando una crisis gigantesca y todos los remedios que se probaron, fracasaron. El tumor ha de estallar, antes que el cuerpo pueda empezar a sanar."[21]

"Sintoniza las noticias y verás protestas récord como primicia, pronunciamientos históricos y rebelión en las calles antes silenciosas – no hay duda que el incremento de la inequidad económica es un tema de fundamental importancia."[22]

Esta no es una cita de un artículo reciente sobre la necesidad del cambio social, sino la afirmación que abre el Capítulo 2 en *Perspectivas en la Agenda Global 2014* cuando informa sobre el Foro Económico Mundial, más conocido por sus encuentros anuales de la elite global en Davos, Suiza. Los líderes mundiales se van anoticiando finalmente de los peligros que entraña el ensanchamiento de la enorme grieta entre ricos y pobres, y de que no se puede permitir que esta tendencia continúe sin ser chequeada. Esto se reflejó en el discurso de enero del 2014 del Presidente de los EE UU, Barack Obama: "Hoy, tras cuatro años de crecimiento económico, las ganancias de las corporaciones y los precios en stock raramente han sido más altos, y los que están arriba nunca estuvieron mejor. Pero los sueldos promedios apenas se han movido. La inequidad se ha profundizado. (…) El hecho crudo y duro es que aún en el medio de la recuperación demasiados americanos están trabajando más para apenas arreglárselas, y mucho menos para salir adelante." Luego prosiguió delineando las políticas a seguir para enfrentar los peligros inherentes a la creciente disparidad en ingresos y oportunidades.[23] En tanto crece el movimiento por un salario vital y obtiene la centralidad de los objetivos, la diferencia de ingresos entre los ricos y el resto, resulta obsceno bajo cualquier estándar.

Un modo en que gente con corazón y algún sentido común muchas veces expresa su suspicacia en relación a los modos disfuncionales de referirse a sí mismos y el planeta, es tomando la perspectiva de alguien de afuera: "Si un marciano visitase nuestro planeta…" seguido de una observación de las formas en que los seres humanos han complicado sus vidas y las de otros seres, inexplicable como no sea por un obtener alguna ventaja.

En tanto que muchos lectores reconozcan que hemos sido y estamos siendo visitados por gente de otros planetas, muchos desconocen con cuánta frecuencia estos mismos visitantes han hecho oír sus voces en relación a los modos que hemos elegido para organizar la sociedad produciendo la necesidad de ganar dinero para poder subsistir y perseguir el "sueño" de ilimitadas posesiones, no importa si con ello matamos al planeta. Por ejemplo, en 1954 durante su estadía en una nave nodriza, George Adamski recibió la siguiente advertencia de su anfitrión espacial: "Si el hombre quiere vivir fuera de una situación de catástrofe, deberá tener en cuenta a su semejante tanto como a sí mismo, el uno refleja al otro."[24] Varios años después de haber tenido este contacto, Adamski agregó en diciembre de 1964: "Para tener una sociedad sana y próspera deberemos eliminar aquello que provoca el problema. Todos sabemos que el estigma es la pobreza en medio de la plenitud. Eso provoca enfermedad, crímenes, y todos los males que conocemos…"[25]

Al escribir sobre la situación del mundo sesenta años atrás, las observaciones de Adamski alcanzan una cualidad profética: "Mucha gente vive hoy un infierno debido a las confusiones, inseguridades y divisiones; todo lo cual genera temor, necesidad y odio."[26] Porque si alguno pudo dudar en 1957 de su validez, ahora son una penosa realidad que aparece en las descripciones de los diarios cuando hablan de los efectos de las políticas gubernamentales de 'balancear el estancamiento', 'estimular la economía' o 'asegurar los mercados'. Esto no pasó de un día para el otro, es la culminación de una tendencia que la gente de los países desarrollados conoce de hace tiempo y que ha encontrado su camino en el discurso político y la política económica desde que impera la agenda neoliberal. O sea, desde la elección de Margaret Thatcher en el Reino Unido en 1979 y Ronald Reagan en los EE UU en 1980. Su administración echó las bases para la noción de que un estado chico y una menor regulación del mercado deriva en un mejor gobierno. Durante las últimas cuatro décadas esta concepción fue aceptada incluso por los socialdemócratas y por muchas izquierdas en los países europeos. Aun cuando la versión estadounidense sigue siendo la más extrema, con solo pocas diferencias en las perspectivas de Demócratas y Republicanos en lo que respecta a su posición de "cuanto menos se gaste, mejor" cuando se trata de servicios públicos.

Hacia el final de la Segunda Guerra Mundial, el presidente Franklin D. Roosevelt delineó en su discurso sobre el Estado de la Unión del 11 de enero de 1944, lo que luego se conoció como "Segunda Carta de Derechos". Incluía "El derecho a un trabajo remunerado en las industrias o negocios, granjas o minas de la Nación, el derecho a ganar lo suficiente para proporcionarse alimento adecuado, vestimenta y recreación; (...) el derecho de cada familia a tener un hogar apropiado; el derecho a la asistencia médica adecuada y la oportunidad de acceder a la salud y disfrutarla; el derecho a la protección eficaz contra el temor de escasez económica en la vejez, enfermedad, accidente o desempleo; el derecho a una buena educación."[27] Muchos de estos derechos fueron más tarde incluidos en la Declaración Universal de Derechos Humanos, abogados por su viuda Eleanor Roosevelt y ratificados por la Organización de las Naciones Unidas el 10 de diciembre de 1948.[28]

El compromiso de Franklin D. Roosevelt de liberar al ser humano de sus necesidades básicas y de permitirle procurar su felicidad fue enfatizado por la 'Gran Sociedad' del Presidente Lyndon B. Johnson, proyecto lanzado en 1964, enfocado en un principio hacia la eliminación de la pobreza y la injusticia racial en los EE UU. Seis años después, en 1970, "la proporción de norteamericanos viviendo bajo la línea de pobreza cayó del 22.2% al 12.6%, la declinación más dramática en tanto poco tiempo en ese siglo"[29] Según el anterior Secretario de Salud, Educación y Bienestar, Joseph Califano Jr, en su artículo de 1999 'Lo que Fue Grande de la Gran Sociedad – La verdad tras los mitos conservadores' enumera los muchos logros obtenidos por un conjunto de medidas de una gestión que "vio al gobierno como una mano proveedora y no expoliadora", a través de la educación, el cuidado de la salud y las acciones asertivas como herramientas para la creación de justicia social.

Como confirmando esta perspectiva en la segunda edición ampliada de su libro, Stefan Denaerde dice: "Su manera de definir la palabra 'civilización' o 'cultura' no tiene nada que ver con el nivel de desarrollo tecnológico o científico sino con el modo en que la comunidad se hace cargo de los minusválidos en cualquier sentido. La palabra 'supercultura' surge para definir una situación que surge cuando a través del esfuerzo individual se origina un grupo estructural que suprime cualquier discriminación contra cualquier individuo."[30]

Cuando todo el mundo occidental estaba en el proceso de reconstrucción pos guerra, los visitantes del espacio advirtieron ya los errores inherentes a nuestro sistema socio económico, aun antes del retorno del neoliberalismo. En 1955 un Maestro de Saturno le describió nuestro estado de inanición moral a George Adamski de un modo casi poético: "...el hombre, con su falta de comprensión ha destruido la armonía de su ser en vuestra Tierra. Vive enemistado con su vecino, su mente está dividida por la confusión. Desconoce la paz y la belleza. Sin importar cuánto se envanezca por sus adquisiciones materiales, sigue viviendo como un alma perdida. Y ¿quién es este hombre que vive en semejante oscuridad? ¡Es el mortal que ha fracasado en servir al Inmortal! ...Él es el que le teme a todo más allá de la comprensión de su mente abarrotada. Él es quien se ha negado a aceptar el hambre que asola su espíritu."[31]

Pero en vez de expresar nuestra unicidad, por ejemplo a través de la implementación de las propuestas de la comisión fundada y dirigida por el anterior Canciller alemán Willy Brandt, para enfrentar la disparidad en la distribución global de los ingresos y las oportunidades, las naciones de occidente como los exponentes hegemónicos de la humanidad iniciaron entonces el proceso de otorgar al mercado, las fuerzas necesarias para su reinado, liberalizándolo, es decir desregulándolo, y quitándole restricciones para la protección de los ciudadanos y de los consumidores y vendiendo los servicios públicos que habían sido creados con el dinero de las naciones, y el esfuerzo de aquellos que pagan impuestos. Servicios tales como redes de electricidad, transporte público, servicio postal, salud, vivienda y hasta el suministro de agua, fueron cedidos a las grandes corporaciones que ahora operan con ellas para su lucro particular.

En su artículo 'La Venta del siglo: el fraude de la privatización', el escritor británico y periodista James Meek describe cómo llegamos a eso: "El sistema de creencias en el mercado, que sostiene que el gobierno es incompetente por incumplimiento, que los impuestos para el Estado son opresivos, que el deseo de riqueza es el derecho y el principal motor de adquisición y que virtualmente todas las necesidades del ser humano pueden ser atendidas por firmas privadas competitivas, se atrincheró en el mundo no comunista desde Chile a Nueva Zelandia. Envalentonados por la percepción popular de que había que culpar a la dilapidación de los recursos por el gobierno y a la organización laboral con su egoísmo del estancamiento económico y la alta inflación de los 70', Thatcher y Reagan se enfrentaron con los grandes sindicatos y ganaron. Cayeron las barreras para el comercio internacional de productos y de monedas; la Unión Europea, era en los papeles, un simple lugar de mercadeo. En Gran Bretaña las restricciones respecto del monto máximo para pedir crédito se hicieron trizas y millones adquirieron tarjetas de crédito. Cayeron voluminosas cantidades de regulaciones respecto del empleo de los fondos públicos depositados en los bancos, y se movieron cuantiosas sumas de dinero de Estado a Estado. Se cortaron los gastos (inversiones) del Estado como los impuestos a los ingresos y los de las corporaciones. Aumentaron los impuestos a las ventas y los precios de los servicios diarios. Las grandes empresas del Estado y las viviendas sociales habían sido privatizadas lo que derivó en cientos de miles de despidos. El programa de Thatcher para Gran Bretaña fue una inspiración del Fondo Monetario Internacional (FMI) y el Banco Mundial ya que experimentaban con las condiciones que adjuntaron para el rescate de los préstamos a los países en desarrollo."[32]

51

Mucho antes de que este mundo neoliberal accediera al poder, los contactos del Sr. Denaerde le advirtieron en 1965 respecto de los peligros de la desregulación de las fuerzas del mercado, que la economía 'libre' existía "basada en la ley de la jungla, el derecho de los económicamente poderoso o el statu quo del equilibrio del poder, daría pie a la necesidad de la fuerza militar. Una cultura altamente tecnificada es controlada por un número de leyes naturales, una de las cuales establece: la discriminación sólo puede existir de modo temporario, sostenida por otras discriminaciones. Una lleva a la otra. El poder es la discriminación del fuerte contra el débil y es parte de la ley de la jungla."[33]

Las consecuencias de este giro de una sociedad que es libre y para todos a una economía en la que cada uno compite respecto de una hipotética ocasión de volverse millonario en tanto se privatiza desde la educación hasta el sistema carcelario, son devastadoras. No sólo por la corrupción de nuestros procesos democráticos y judiciales y de las instituciones, o el debilitamiento de los efectos de un incesante bombardeo de comerciales que compiten por nuestra atención, que combina con la concesión de derechos y el enmudecimiento de los ciudadanos lo que permite a la elite global 'aparejar el juego' más aun en su favor, sino especialmente por esos miles de millones de personas que quedan sin el alimento necesario, sin vivienda, sin acceso a la salud y sin educación, así como por el número creciente de personas que precisan tener dos o más trabajo para poder afrontar el mínimo de sus necesidades básicas.

En abril de 1989 en medio de la Guerra Fría entre los EE UU y la Unión Soviética y poco antes del dramático colapso de la Cortina de Hierro que separaba a la esfera de influencia de los países regentes de Europa, la revista *Share Internacional* publicaba un comentario de Maitreya, el Instructor del Mundo, a través de uno de sus más íntimos miembros, que "en los últimos dos o tres años hemos visto una reducción en las guerras y los conflictos en todo el mundo debido a que los países líderes se apartaron de su política de suministrar armas persiguiendo sus propios objetivos e intereses. La energía que impulsa a los soldados a la guerra y llena el aire con aviones de guerra, está apagada." Sin embargo, dice el Instructor del Mundo, la energía encontró un nuevo vientre en la comercialización creada por las fuerzas del mercado: "El nuevo credo de estos países es la economía que es el alma de la comercialización y esto representa una nueva y seria amenaza para el mundo, tal que puede comprometer la vida humana. La cualidad de la comercialización es la avaricia y afectará a todas las naciones. Esta energía negativa que procede de los campos de batalla es una fuerza sin ojos y sin mente y va a crear un mundo muy hostil. Pero aunque los políticos crean que la comercialización es el futuro de la raza humana, no pueden controlar esta energía. (…) Ahora tenemos a la vista una nueva batalla que sólo podrá ser ganada si la mente humana logra desviar esta energía negativa. Sólo la conciencia puede parar esta fuerza y la gente peleará por sobrevivir si la comercialización compromete el bienestar y la salud humana. Esta situación va a explotar como un volcán."[34]

Desde entonces varias 'erupciones' han tenido lugar, particularmente en derredor de la burbuja del 'punto.com' en 2000 y aún más seriamente en 2008, cuando el sistema financiero global enfrentaba un colapso total como resultado de las especulaciones desenfrenadas de los banqueros, cuyo principal propósito era lograr que sus compañías ganasen más rápido para recibir así bonificaciones más amplias. El colapso del banco Lehman Brothers en los EE UU afectó el sistema bancario global y a los más poderosos en la mayoría de los países occidentales, los que tuvieron que ser rescatados de sus deudas para impedir una reacción en cadena que habría reducido el sistema financiero actual a lo que los expertos ahora saben que es: una casa de naipes, que no se sostiene más. La crisis bancaria rápidamente provocó una euro crisis en la Unión Europea; esta derivó en una crisis de deuda y en muchos Estados miembros, una crisis de presupuesto

Arriba: Imagen de Plato volador obtenida en el aeropuerto Charles de Gaulle próximo a París en octubre de 2010 durante el despegue del vuelo AF980/MK045 de París a Mauritas.

Abajo: Platillo volador fotografiada por Robbert van den Broeke, psíquico holandés sobre un crop circle en un campo de maíz en Standdaarbuiten, Países Bajos el 27 de julio de 2009 (Foto: © Robbert van den Broeke)

cuando tanto los EE UU como la UE decidieron emplear crédito ilimitado para rescatar nuestras corporaciones privadas (bancos) a los que previamente se les había permitido tomar riesgos ilimitados con el aval de los gobiernos que habían borrado las regulaciones. Cuando las operaciones de rescate se dieron maña para dar una imagen de haber superado el peligro –aun cuando un número creciente de observadores económicos y analistas están advirtiendo de una implosión aun peor en 2015 debido a que no han enfrentado ninguna de las causas de las crisis– la gente de todo el mundo sigue sufriendo las consecuencias de haberse visto obligada a pagar por estas injusticias sistémicas.

Tal vez a los lectores les interese saber en este sentido, aquella gente del espacio con la que Buck Nelson tuviese un encuentro en 1952 no tuvo muchas contemplaciones al hablar de los especuladores: "Algunos de nuestros métodos habituales para ganarse la vida, serían totalmente inaceptables para ellos (la gente del espacio). Uno de estos métodos es la práctica de hacer dinero con el dinero."[35] Truman Bethurum escuchó lo mismo de sus contactos en 1955: "Si los tuviésemos en Clarion rápidamente serían de poco valor; tendríamos mansiones y villas miseria, como tienen ustedes."[36]

No sólo tenemos villas miseria, sino también gente sin hogar. Sólo en los EE UU el Departamento de Vivienda y desarrollo Medio ambiental ofreció las siguientes cifras: En enero de 2014 más de 570 mil personas sin techo, pero el Departamento de Educación dio cifras un poco diferentes: niños –sólo niños– sin hogar un millón trescientos mil en 2013.[37]

Cuando los visitantes del espacio nos dicen que no tenemos suficiente ética como civilización desarrollada, es que no nos contentamos con tener gente sin hogar. Lo ilustra una noticia aparecida en un diario de octubre de 2014 en los EE UU: "Muchas ciudades han elegido criminalizar y castigar a la gente que vive en la calle por hacer lo que cualquier ser humano precisa para sobrevivir..." Un ejemplo trata de una persona de nombre Gil y la alucinante norma de tráfico por la cual se lo acusaba en Fort Lauderdale, Florida: "En su mano sostenía una citación policial escrita unas pocas semanas atrás cuando un oficial lo encontró sentado en el cordón con sus pies tocando la calzada. 'Pies en la Carretera Perturbando el Tránsito' decía. Y el 22 de octubre de 2014 la Radio del Público nacional consigna que desde enero de 2013, veintiún ciudadanos estadounidenses habían trasgredido la medida cuyo propósito era "restringir a la gente que daba de comer a los sin techo" ya sea mediante la introducción de reglas en el uso de la propiedad pública o exigiendo de aquellos que preparaban y les servían comida a obtener un permiso de responsabilidad alimentaria.[38] Tres días después que se pusiera en vigencia esa norma en la ciudad de Fort Lauderdale, Florida, Arnold Abbott de 90 años, fue arrestado por alimentar a gente sin techo en una playa pública, cosa que venía haciendo desde hacía veintitrés años.[39] Un lector de la información en las redes, comentaba con dolor: "Jesús hubiese sido aprisionado de haber venido a EE UU", recordándonos el comentario que George Adamski hiciese en 1958 cuando preguntó: "¿Qué oportunidad hubiese tenido Jesús, si volviese a la Tierra, de cumplir con la Profecía Bíblica?"[40]

Resulta enfurecedor leer respecto de las injusticias a las que se somete a quienes tratan de rectificar otras injusticias. Pero debemos estar alertas, es preciso que nos "haga falta" ver justicia, como dijera Enrique Barrios, si queremos defenderla. Hay innumerables ejemplos similares. Un país europeo particularmente golpeado por las exigencias de austeridad (restricción económica) es España. El desempleo juvenil superó el 50% a inicios de 2015[41] en tanto que en 2014 la organización 'Caritas' de la Iglesia Católica distribuyó – contando sólo ella- alimento, vestido y ayuda en general para dos millones y medio de personas, o sea a uno de cada veinte españoles.[42] Estadísticas similares y aún peores pueden citarse para Italia, Portugal, Irlanda y Grecia debido a la ola privatizadora que se puso en movimiento en la década de los 80'. Estas medidas les fueron impuestas a esos países por la UE y el Banco Mundial, como condición de emergencia para el préstamo que precisaban como resultado de la crisis europea que derivara de la crisis bancaria. Mientras escribo estas líneas [julio 2015] la valiente batalla llevada a cabo por el pueblo griego contra la imposición de las medidas de austeridad que los ataría aún más a los dadores de crédito europeos y al FMI, parece perdida con el último acuerdo que el gobierno griego firma para asegurarse el rescate que tanto precisan.

Pero los comentadores denuncian más y más que estas privatizaciones que supuestamente deberían traer mayor libertad, son un fraude. Algunos factores claves que aparecen en el artículo de Owen Jones basados en su libro *El sistema dirigente – Y cómo quedar impune*, podrán ser de utilidad para dar a los lectores una impresión rápida del inmenso desequilibrio que se creó en favor del enriquecimiento de las corporaciones al costo de la justicia social: Más de una tonelada de libras esterlinas del erario público se derramó en los bancos a continuación del colapso financiero. El paquete vino con algunas imposiciones al gobierno y sin atención a las consecuencias. (…) En el 2012, a dos mil setecientos catorce banqueros británicos se les pagó más de doce veces por Libra esterlina que a cualquier otro banquero de la UE." A la vez, "en el programa de austeridad que siguió a la crisis financiera, el sostén estatal hacia aquéllos que están en la parte inferior de la sociedad en lo que obedece al bienestar, había sido erosionado. El sostén restante era otorgado con rigurosos condicionamientos. 'Sanciones a los beneficios' significaba una suspensión temporaria de los mismos, frecuentemente por las razones más espurias o arbitrarias. Según los números oficiales, se sancionaron a 860 mil beneficiarios entre junio de 2012 y junio de 2013… Según el Trussell Trust, la mayor red nacional de bancos de alimentos, más de la mitad de los beneficiarios pasaron a depender de la limosna debido a los cortes y sanciones a sus beneficios."[43]

Un ejemplo desgarrador de todo esto se describe en el informe de un periódico que relata el hallazgo del cuerpo de una persona de 54 años de edad, que había estado trabajando por veinticuatro años, sufría de diabetes y había perdido sus beneficios. Su cuerpo fue hallado al lado de una pila de currículos que había impreso para postularse ante distintas ofertas de trabajo. Los papeles estaban próximos a su cuerpo. El Centro de Trabajo del Departamento británico para Trabajos y Pensiones sostenía que no había buscado seriamente un trabajo, y siguiendo las estrictas normas que limitaban los beneficios sociales, en octubre de 2012 lo había sancionado quitándoselos. De acuerdo con el relato periodístico, la hermana menor del infortunado señor y que había encontrado el cuerpo, le habían cortado la luz. Ello significaba que la heladera no estaba en funcionamiento, y la insulina guardada en ella no servía más. Había poco para comer en el departamento: seis saquitos de té, una lata de sardinas vencida y un sobre de sopa de tomate. Su celular no tenía crédito, y apenas le quedaba el equivalente de 10 centavos de dólar en el Banco. La autopsia reveló que su estómago estaba vacío."[44] Este no fue un hecho aislado. El departamento de control estadístico británico contactó al Departamento de Trabajos y Pensiones para que proporcionase una información clara, después que dejasen de dar información respecto del número de reclamos por beneficios, que habían muerto tras la suspensión de los mismos.[45]

Esto todavía no muestra suficientemente la intensidad de la bancarrota moral de nuestros sistemas actuales. Owen James escribe: "Gran parte del sector público británico se ha transformado en una corriente de financiamiento para compañías exitosas. Según la Oficina Nacional de Auditoría, alrededor de la mitad de las (187bn de Libras esterlinas) que se desembolsaba para el sector público en bienes y servicios, ahora va para los contratistas privados. (...) En 2012 4bn de libras esterlinas del dinero de los pagadores de impuestos era derivado a las cuentas de los mayores contratistas privados..." sin embargo "la desenfrenada evasión de impuestos cuenta entre la mayor fuente de beneficios para la elite enriquecida que tanto se beneficia de la limosna estatal", en derredor del mil de millón de libras esterlinas.

Estos números pertenecen a la Reino Unido, pero la situación en EE UU no es demasiado diferente, y mejora apenas en otras naciones occidentales. Por lo que Jones concluye: "La seguridad social para los pobres está hecha añicos, despedazada, tiene cada vez mayores condicionamientos, pero el bienestar para las grandes corporaciones es repartida como nunca antes se viera. La cuestión que se plantea el Estado actual no es si tal o cual medida es injusta, la cuestión es si es sustentable."[46]

La capacidad anticipatoria de los visitantes del espacio nos sorprende nuevamente. A mediados de los 60' Stefan Denaerde escribió inspirado por sus contactos: "La propiedad personal es indicio de un nivel de cultura muy primitivo. Tenemos inteligencia para construir cohetes pero no para ver que las leyes de supervivencia del más apto deben ser abolidas. Tal vez yo pudiera explicarles cómo pensamos nosotros nuestra supervivencia con este sistema, pero lo que ellos advirtieron es que nuestros prejuicios discriminatorios superan cualquier cosa que hayan visto antes. La gente de la Tierra parece estar permanentemente ocupada en pensar en más perspectivas discriminatorias y en emplearlas como soluciones a las que ya existen."[47]

Con la construcción de la inequidad dentro del sistema económico mundial, ésta afecta ahora también a la gente de los países desarrollados, tanto como a la de los países en desarrollo; las protestas aumentan alrededor del mundo. En muchos países del norte europeo, en los que los remanentes de las políticas sociales de igualdad de los 60' y los 70', hasta ahora han absorbido gran parte de los efectos de las medidas de austeridad. El distanciamiento público con la clase política, hasta aquí expresa principalmente temor "del otro" –inmigrantes y refugiados– que son vistos como una amenaza a su

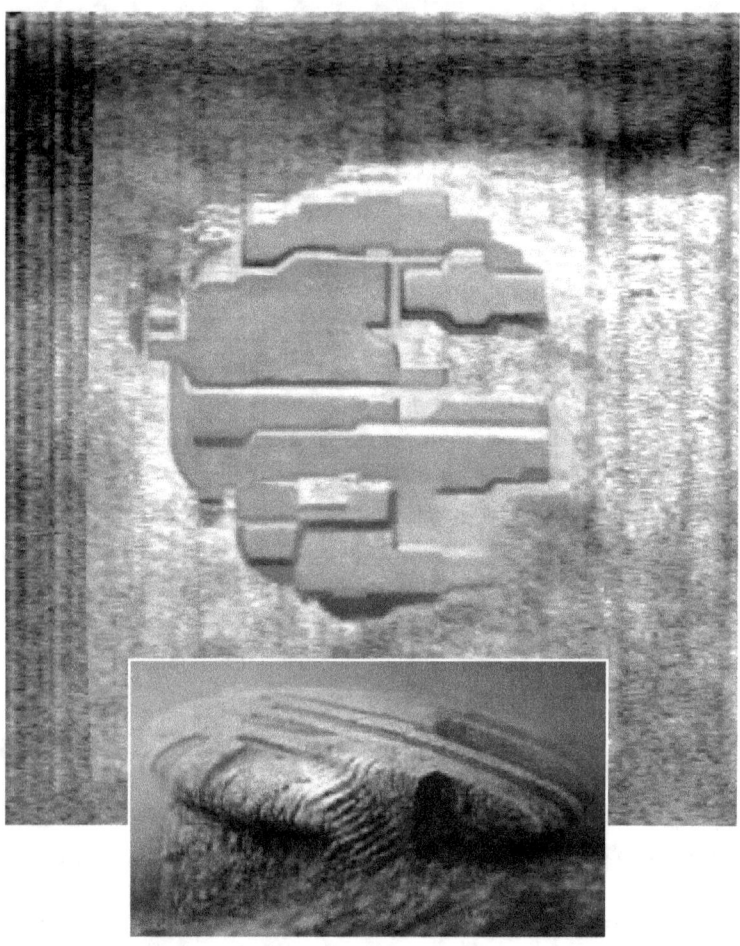

En 2011, miembros de la empresa de buceo sueca *Ocean X*, Peter Lindberg y Dennis Asberg encontraron en el Mar Báltico, un objeto en forma de media luna de 60m de diámetro y 4m de altura y una huella de 1.500m a una profundidad de 90m. Se halló también un objeto en forma de disco a 400m de distancia del anterior.

Acorde con la información brindada por Benjamin Creme (*Share Internacional,* julio/agosto 2012) los dos objetos fueron dejados intencionalmente por los Hermanos del Espacio. (Recuadro: gentileza de Hauke Vagt; thebalticanomaly.se) sistema de seguridad social. En tanto, pese a que la xenofobia no está ausente de los países del sur de Europa muchos han visto un rápido incremento de nuevos movimientos políticos. En Grecia, una amplia coalición fue formada bajo el nombre de Syriza que alcanzó el poder con las elecciones de marzo del 2015, en tanto que en España el nuevo partido político Podemos originado en las protestas de los 'Indignados" del 2009 se postula para una victoria mayor en las próximas elecciones parlamentarias aun cuando el país ha introducido leyes draconianas para doblegar las protestas contra la austeridad.

O sea que esta 'libertad' que la comercialización supuestamente traería, está en los hechos, esclavizándonos. El mantra de los gobiernos desde los 80' fue que para incrementar la riqueza de un país era preciso permitir que los ricos empleasen tanto de ella como fuese posible para su propio beneficio, ya que la riqueza origina riqueza. Aun cuando esto no se encuentre fundamentado por ninguna teoría económica probada, se lo implementó en las políticas gubernamentales para cortarles impuestos a los ricos y subsidiar sus industrias no importando cuán obsoletas estuviesen, tales como la defensa de la industria, la energía fósil y las industrias nucleares. Ahora no queda en la Tierra ninguna sociedad que no experimente las consecuencias perjudiciales y peligrosas de la institucionalización de la discriminación entre ricos y pobres. Los visitantes del espacio ya habían advertido contra estos peligros. En 1965, cuando era mucho menos obvio para nosotros, le advirtieron a Denaerde: "La ley natural que gobierna el desarrollo establece: una sociedad altamente tecnificada deberá acabar con toda la discriminación existente, de no hacerlo así, se autodestruirá. Suministrar información técnica a gente como ustedes sería cometer un grave crimen contra las leyes cósmicas."[48]

Los peligros a los que se alude aquí son aquellos que residen en el hecho de que hayamos empleado la competencia como la piedra fundamental de nuestras vidas. Como le fuese dicho a Denaerde: "El comportamiento egoísta de las masas por el cual cada uno toma todo lo que puede, los aleja de la habilidad para trabajar mancomunadamente para la creación por ejemplo, de un planeta limpio en el que se sostenga el equilibrio natural y sostenido. Es igualmente imposible limitar el empleo de los recursos naturales en aras a las futuras generaciones, porque una persona egoísta no es capaz de dar nada."[49]

Me recuerdan las palabras de Ami el personaje protagónico de Enrique Barrios, cuando dice: "El problema no reside en la gente, sino en los sistemas que emplea. La gente ha evolucionado, pero los sistemas quedaron atrás. Los sistemas defectuosos hacen sufrir a la gente buena y muchas veces termina haciéndolos malos. En cambio un buen sistema de organización global, fácilmente transforma en bueno lo malo."[50] Como confirmando las afirmaciones de los contactos de Denaerde, Ami dice: "...con la información y el estímulo correctos, y dentro de un sistema de apropiación social organizada, la gente deja de obrar por impulso – deja de ser 'mala'. No se precisa más un sistema policial." Y cuando su amigo Pedro le responde: "¡Increíble!" Ami le replica: "En realidad, no. Lo que *sí* es increíble es que en tu mundo se maten entre hermanos..."[51]

En nuestra vida cotidiana, observa Ami, se recompensa a los mejores en tanto que "el resto es humillado y aumenta el ego de los ganadores..." pero, explica, ganar significa "ser más que el resto. Otra vez la competencia, el egoísmo, la división. La competencia debe ser al interior de cada uno con cada uno, y no contra los otros hermanos y hermanas. Esas cosas no existen en los mundos maternales, evolucionados, porque es allí que reside la semilla de la guerra y la destrucción."[52] En un artículo sobre el verdadero propósito de la educación, un maestro norteamericano Alfie Kohn hace un aguda reflexión: "La infatuación de nuestra sociedad con la palabra competitividad exacerba el problema al aumentar la confusión entre dos ideas diferentes: excelencia y la desesperación por triunfar sobre el otro."[53] En 1965 George Adamski transmitía una noción similar cuando planteó la pregunta: "¿Se reprimiría la iniciativa si anulamos toda competencia tal como la conocemos en la Tierra?" Su respuesta fue: "No, en todo caso se vería estimulada. La libertad de hacer proyectos continuaría siendo libre. El espíritu competitivo fácilmente sería reemplazado por el deseo individual de hacer lo mejor posible de acuerdo con su habilidad."[54]

Cuando la gente habla de 'competencia saludable', Benjamin Creme dice que se trata de una racionalización: "'saludable competencia' resulta en la reducción del precio de un producto. No hay ventaja si por la competencia un producto es producido en forma más económica, todo ello entre cientos de firmas que producen lo mismo. Si el proceso involucra su comercialización, se disminuye la calidad de vida. (…) No se puede preciar un producto sólo en base al índice del dólar. Se precisa atender al resultado social de producirlo. ¿Es correcto malgastar y despilfarrar los recursos que se precisan para construir cien tipos diferentes de automóviles, cañerías, puertas, lo que fuese para obtener el menor precio posible, si el costo ecológico, global, social, es devastador? (…) La 'sana competencia' exagera todo y luego los productores compiten para vender el producto. De todas maneras, no podemos comprar todo. Aquí es cuando el mito de la libre elección aparece."[55]

Stefan Denaerde cuenta lo que sus contactos le enseñaron que solemos hacer delante de aquellos consejos que en forma de publicidad, intentan convencer a los consumidores de elegir un producto o un servicio y no otro. Para ellos lindan los bordes de la indecencia: "Una permanente corriente de supuestos nuevos modelos impulsa a una sociedad orientada hacia el estatus simbólico a descartar productos cuando todavía tienen vida útil restante. Un terrible desperdicio de materia prima y de capacidad, peor aún, es un estímulo para la avaricia y la envidia, y esto es criminal. Esta promoción del materialismo, es un peligro de muerte para una raza inteligente, y se opone directamente a una idea de justicia." Más aún, este tipo de publicidad es considerada como "una forma de propaganda éticamente despreciable e inaceptable. En una sociedad estable, no tienes sólo libertad de expresión sino de pensamiento, lo cual es mucho más importante. La propaganda, repetida como un modo unilateral de ofrecer información, daña la libertad de pensamiento. Es además una discriminación inaceptable."[56]

El investigador de OVNIs canadiense, Wilbert B. Smith, nos proporciona otro conmovedor ejemplo de cuánto hemos batallado estos mismos problemas. Lo hace en su artículo 'La Batalla de la Mente Humana', dice: "…independientemente de cuánto hayamos luchado por ser nosotros mismos, independientes, decididos, todos somos sutilmente influenciados por la palabra escrita y la opinión hablada. Libros, diarios, radio, televisión ¡hasta los 'comerciales' juegan un rol importante a la hora de decidir qué artículo comprar, por ejemplo. En nuestro trabajo como también en nuestras vidas sociales el pensamiento de los demás tiende a hacer oscilar el nuestro; y aquéllos que son demasiado apáticos como para formar opiniones propias, voluntariamente aceptan la perspectiva de otros que tienen un pensamiento más articulado. (…) En el área política, un plano muy apto para la tergiversación de los hechos con el propósito de sumar votos, la presión es más poderosa y somos influenciados por la retórica más convincente de los políticos astutos. De todos modos, es en el área de la política internacional donde residen los peligros mayores, porque allí los umbrales son altos y el afán de poder es superior."[57]

De esto último tenemos un buen ejemplo en la Guerra de Irak (2003-2011) que fue iniciada por los EE UU y el Reino Unido, bajo la falsa acusación de haber participado en el ataque terrorista a las Torres Gemelas en la ciudad de Nueva York en el 2001 y de que escondían armas de destrucción masiva. Cuando la condena se hizo pública y masiva y doce millones y medio de personas se manifestaron condenando la amenaza de invasión[58] surgió la solución de los países benefactores que, como un acto de bondad, con una "coalición de voluntades" aceptó llevar la paz, la libertad y la democracia a Irak a cambio de unos cuantos barriles de petróleo. Lo que se quería era asegurarse la provisión de crudo en pro de los intereses industriales de EE UU a 'precios de lista'.

Como lo demostramos en este capítulo, hemos permitido que el concepto de competitividad prevalezca a un punto tal que ahora lo aceptamos como un hecho de la vida cotidiana aun cuando se trate de nuestro trabajo, con millones a través del mundo que sólo pueden acceder a ellos aceptando el peor salario. Debido a nuestra veneración por la competencia y los bajos costos, aceptamos competir por trabajos en las peores condiciones de modo tal que cada vez se hace más duro y difícil llevar adelante una vida digna a menos que estemos listos a trabajar en dos o tres lugares a la vez, de modo que no queda tiempo para el descanso, ni qué decir del desarrollo o la realización personal.

La separación entre Norte y Sur que dividió al mundo durante décadas, ahora divide cada nación. A través del mundo los migrantes claman por entrar en regiones donde se supone que podrían acceder a una vida mejor, y se disponen a aceptar trabajos que no hubiesen aceptado en su propio país, sin seguro social ni laboral, sin amparo en los trabajos de riesgo y una paga menor que la mínima. Sin embargo, ninguna medida burocrática, incluyendo identificación personal, restricciones internacionales o nacionales en relación a la inmigración, ni los muros o mares que se extiendan en el medio, son capaces de disuadir a estos hermanos y hermanas que claman por su derecho a una vida decente.

Sin embargo muchos de nosotros, especialmente aquellos que son elegidos como sus representantes, están convencidos –ya sea por ideología o por la avaricia del enriquecimiento o poder personal– que una mayor libertad de maniobra a las corporaciones es la llave para el mejoramiento de los que están en el fondo, engrilletando de ese modo su libertad y aumentando la injusticia que se profundiza en las capas menos pudientes que no pueden acceder a aquellos productos que se ofrecen en el mercado. Así, forzando la liberalización en pueblos endeudados como Grecia y

Puerto Rico –los ejemplos más próximos– y favoreciendo los intereses de las corporaciones por encima de las medidas de seguridad social con disposiciones que beneficien aún más a las corporaciones multinacionales que minan los procesos democráticos bajo la forma de Tratado Transatlántico de Comercio e Inversiones (TTIP) o el Acuerdo Transpacífico de Cooperación Económica (TTP), no nos debiera sorprender que nos lleven a otro colapso financiero de nuestros sistemas económicos antes que la gente reconozca la necesidad de ponerse de pie contra la desigualdad, la injusticia y la esclavitud económica a escala global.

El Maestro de Benjamin Creme lo expresa claramente cuando dice: "La comercialización, esa pujante aunque sigilosa amenaza, controla ahora las vidas y los destinos de incontables millones de seres humanos, y reduce a una cifra la individualidad que Dios nos diera. La gente es ahora un número en las estadísticas, sin propósito ni necesidades, que se empeña en el tablero de ajedrez de las fuerzas del mercado y el provecho de las compañías."[59]

Sin embargo, como el Maestro venusino le dijera a George Adamski: "No hay más que *una* vida. Esa vida lo incluye todo. Y hasta que la gente de la Tierra no sea consciente de que no puede servir a dos amos, sino a uno, habrán de estar en guerra constante uno contra el otro. Esa es una verdad fundamental que *debe* ser aprendida por los terrestres antes de que tu mundo pueda armonizar con la vida de los otros planetas."[60]

Al perder la visión de la Vida Una, aún como hermanas y hermanos de la raza humana, nos hemos convencido de que somos seres separados de nuestro Creador, hemos perdido la conexión con nuestro planeta y la esencia de nuestro ser, de nuestras almas; nos hemos vuelto el uno contra el otro y transformado la vida en una pugna competitiva por la supervivencia. En palabras de uno de los seis hombres de la nave nodriza saturnina con quienes Adamski se relacionara durante su primer visita a la misma, en febrero de 1953: "Mientras vivan así, peleados uno con el otro, se multiplicarán vuestras penas. Porque cuando atentas contra la vida de tu hermano, otro habrá que atentará contra la tuya. Este es el sentido de las palabras que alguna vez pronunció Jesús de Nazaret. Recuerda que dijo: 'Envaina tu espada nuevamente: porque todo aquél que mate con su espada, por la espada morirá.' La verdad de estas palabras han sido puestas a prueba a todo lo largo de la historia del hombre en la Tierra."[61]

Hasta aquí, las elecciones que hemos hecho sólo han servido para causar estragos aún en el propio entorno del que depende nuestra existencia. En su entrevista para la BTV, el primer canal comercial de Bulgaria, en el año 2012 el Profesor Lachézar Filipov que ahora encabeza un proyecto de investigación internacional en relación al fenómeno de los 'crop circles' (círculos de la cosecha) dice que se le paga a la gente para fraguar crop circles y crear confusión "de modo que esta información no sea tomada con seriedad". Afirma sin reservas que todo ello es para sostener el combustible fósil como la alternativa y continuar dañando al planeta. La confirmación de la existencia ET daría lugar a pensar que hay otras alternativas para nuestro desarrollo tecnológico: "Los negocios prefieren que consumamos lo que hay en la Tierra de forma tal que los que acumulan dinero sigan haciéndolo. Si tuviésemos acceso a la energía pura, la energía del espacio, entonces nos olvidaríamos del gas, del carbón y otros..."[62]

A Dino Kraspedon, el contactado brasileño, le dijeron que la tecnología espacial podría "liberar completamente al hombre de las 'patrióticas' cadenas que lo atan. Así como a reafirmar su derecho a dirigir su propia vida, derecho del que fue privado por un mal funcionamiento social que lo llevó por diferentes 'ismos' que lo condujeron hacia un enfrentamiento criminal con sus hermanos. Las reservas de petróleo del planeta Tierra se están agotando, la producción de material fisionable un día se terminará, pero ya habrá acabado con los bosques, secado los ríos y las cascadas, lo que siempre va a permanecer es la presión atmosférica."[63]

Estando como estamos tan confundidos con respecto a la naturaleza y el propósito de la Vida, no sorprende que hayamos perdido contacto con el resto de las razas humanas en el sistema solar, que perdiésemos de vista su realidad, y nos hayamos así autoimpuesto un aislamiento cósmico sobre nosotros mismos. En el mes de febrero de 1953 el Maestro venusino le dijo a Adamski: "Bien que nos gustaría poder cederles a ustedes este conocimiento [el de superar la gravedad] que tan útil nos ha sido y como lo hemos hecho en otros mundos, por el bien de todos los hombres. Pero ustedes todavía no han aprendido a vivir en paz el uno con el otro."[64]

De todos modos, así como son las cosas, continuó el Maestro venusino "Si nosotros te revelásemos ese poder a ti o a cualquier otro hombre en la Tierra, rápidamente el conocimiento sería público, y alguno empezaría a construir naves espaciales, a montar armas bélicas en ellas y se irían de parranda a los disparos por el espacio, en un intento de conquistar y tomar posesión de otros mundos." Y "no permitiremos que los hombres de la Tierra vengan en gran número o permanezcan aquí, hasta que hayan aprendido a abrazar esta vida de inclusión como la vive la gente de otros mundos y abandonen el estilo de vida egoísta como el que se encuentra hoy en la Tierra."

Valoramos tanto la individualidad que desdeñamos la unión por temor a la uniformidad. En el actual clima político de los EE UU no es posible ni sugerir la idea de plantear el bien común por delante de las libertades individuales, sin ser tachados de nazis. No obstante, perseguir la unidad es algo intrínseco al ser humano que se inicia con la necesidad de pertenencia –a nuestra familia, a un club, una iglesia, un partido político, una nación, etcétera. Lo que olvidan demagogos o quienes les temen es que este propósito de unidad sólo puede ser exitoso si se basa en el respeto a las diferencias individuales, ya que la uniformidad es contraria al orden natural. Por lo tanto, el propósito ha de ser unidad en la diversidad, donde la fuerza del conjunto se combina y refuerza por la contribución de nuestros talentos individuales al conjunto. Como le dijese a Adamski su contacto marciano Firkon: "Aquellos de otros mundos que hemos vivido entre ustedes sin ser reconocidos podemos claramente ver cómo se ha perdido la identidad con el origen divino. Las gentes de la Tierra son entidades separadas que han abandonado la calidad humana que tenían en un principio. Ahora son esclavos del hábito. De todos modos, el alma original permanece aprisionada entre estos hábitos, anhelando expresarse de acuerdo con su herencia divina. Esta agobiante urgencia está obligada a perturbar profundamente al hombre amarrado a su propio rollo por el mecanismo del hábito. Y esta es la razón por la cual frecuentemente muchos se percaten, que dentro suyo están sueltas las ataduras que lo esclavizan y lo inquietan. (…) Mientras el hombre no se sacuda los grilletes de su propia vanidad (…) seguirá viviendo como un soldado en contra de las leyes de su propio ser."[65]

No por nada el Maestro de Benjamin Creme escribe: "El árido desierto al que llamamos 'vida moderna' deja al hombre despojado de todo aquello que lo hace humano: la felicidad, la creatividad lograda y la capacidad para responder a las necesidades de los demás libremente. La competitividad corroe con su letal toxicidad al espíritu y se sienta en juicio, en la 'batalla' de la vida. La Vida, la Gran Aventura, ha sido corrompida y reemplazada por una agónica lucha por la mera supervivencia."[66]

El Maestro venusino lo explica de este modo: "La comprensión de las leyes universales tanto elevan como restringen. Como ocurre ahora con nosotros, ocurrirá en la Tierra con ustedes. Elevados por vuestro conocimiento, la misma comprensión tornará imposible la violencia contra vuestros hermanos. Tendrán la misma convicción, inherente a cada ser, que habrá de hacerlos sentir que tienen el divino privilegio de dirigir la propia vida y crear vuestro destino aun cuando sea por el camino de la prueba y del error. Aplica a todo grupo, nación, o raza humana."[67] El verdadero progreso, añade el Maestro "es la felicidad que yace todo el camino hacia la cima desde sus comienzos. La felicidad hermana a los hombres en tolerancia hacia los esfuerzos de los otros, aunque sean de naturaleza diferente a los propios."[68]

Siendo autoimpuesto, nuestro aislamiento cósmico no tiene por qué ser permanente, que llegue a un fin, depende de nuestra habilidad para volvernos conscientes y reconectarnos con los hechos (espirituales) de la vida – ello constituye una expansión de la consciencia de una masa crítica de humanidad. Maitreya, el Instructor del Mundo nos muestra la llave para finalizar con nuestro confinamiento autoimpuesto cuando nos dice: "El crimen de la separatividad debe ser expulsado de este mundo."[69] Enfatiza la necesidad de dar expresión a nuestra unicidad porque es de naturaleza divina: "El hombre es un Dios emergente y requiere de la formación de los modos de vida que le permitirán a este Dios florecer. ¿Cómo podrían ustedes contentarse con las formas en que viven ahora: cuando millones mueren de hambre y miseria; cuando los ricos desfilan frente a los pobres, cuando cada uno es enemigo del vecino, cuando ningún hombre confía en su hermano? ¿Cuánto tiempo más seguirán viviendo así, Mis amigos? ¿Cuánto más tolerarán esta degradación?"[70]

Pareciera que seguimos teniendo tanto lugar para negar la crisis provocada por los modos que hemos creado para organizar la sociedad como para negar la presencia extraterrestre en la Tierra. Hemos alcanzado el final de la soga para taponar agujeros, apuntalando la fachada de los colapsos financieros que son la herencia que reciben los seres humanos debido a su negativa a aceptar la conexión entre todos. Como este capítulo muestra, los visitantes del espacio han intentado en todo momento, una y otra vez, desde el año 1950 en adelante, despertarnos de nuestro sueño. Si miramos el estado en que se encuentra nuestro mundo, la humanidad y el planeta actual pareciera que estamos bien ubicados para un despertar final y el llamado a ser nosotros mismos.

Anexo al capítulo 2:
El nuevo orden mundial lo hacemos nosotros

Con sus antecedentes como ejecutivo, Stefan Denaerde aun cuando inmensamente impresionado por la eficiencia con la que funcionaba el planeta anfitrión, al principio se sintió avergonzado: "Este ha de ser un planeta gobernado universalmente, pero al parecer lo era de forma tan estricta que todo parecía racionalizado y estandarizado. ¡Qué pensamiento terrible!"[71] Del mismo modo es que por temor a la uniformidad o la monotonía lo que hace que la gente se oponga a soluciones globales para sus problemas cotidianos, señalando a la terrible amenaza de un Nuevo Orden Mundial que, según alegan, la elite está tratando de imponer a la humanidad.

En mi libro anterior mostré cómo el término 'Nuevo Orden Mundial' como la etiqueta de una sociedad orwelliana de control, temor y opresión es poco apropiado dado que la veloz erosión de las libertades civiles es la culminación actual de las políticas económicas que se empezaron a introducir en respuesta al clamor neoliberal por un "estado chico", es decir, menos regulaciones y mayor libertad para las corporaciones y los mercados.[72] Tal como ahora debiera quedar luminosamente claro, si se quitan las restricciones a las corporaciones y a los individuos enriquecidos, ellos habrán de emplear sus mayores libertades para asegurar sus propios intereses a expensas del resto de la sociedad influenciando no sólo la opinión pública, sino las elecciones, los mismos procesos democráticos y al sistema judicial.

No nos sorprende, si miramos el origen del término NOM veremos que al principio fue empleado para denotar exactamente lo opuesto a aquello que los temerosos arguyen que significa. Después de la Primer Guerra, el presidente de EE UU Woodrow Wilson explicó que la participación en la Liga de las Naciones sería crucial para un "nuevo orden mundial" que habría de trascender las tradicionales políticas de poder y que fomentaría la seguridad colectiva, la democracia y la autodeterminación de los pueblos. Cuando el Senado de los EE UU rechazó la participación, la Liga de las Naciones pronto declinó sus principios y el término 'nuevo orden mundial' cayó en descrédito.

En abril de 1940, apenas iniciada la Segunda Guerra, el Maestro Tibetano Djwhal Khul (DK) escribió a través de Alice A. Bailey: "Estas dos fuerzas –materialismo y espiritualidad– se enfrentan una contra la otra. ¿Cuál será el resultado? ¿habrán los hombres de contrarrestar el mal e iniciarán un período de comprensión, cooperación y correctas relaciones, o habrán de continuar el proceso de una planificación egoísta y la competitividad económica agresiva? Esta cuestión deberá ser resuelta por un claro pensamiento de las masas y por los desafíos audaces de las democracias. En todas partes se reconoce la necesidad de un nuevo orden mundial. Los poderes totalitarios hablan de 'un nuevo orden en Europa'; los idealistas y los pensadores desarrollan esquemas y planes que ponen a la vista nuevas condiciones que habrán de acabar con el viejo orden."[73]

Explica los conceptos de espiritualidad y materialismo de la siguiente manera: "Todo lo que tiende a la comprensión, a la bondad, a lo que es productor de belleza y que pueda conducir al ser humano a una expresión más completa de su potencial divino, es espiritual. Es malo todo lo que lleve al hombre más profundamente hacia el materialismo, todo lo que omite los valores más altos, lo que refuerce el egoísmo, que levante barreras al establecimiento de relaciones humanas correctas, y lo que alimente el espíritu de separatividad, de temor y de venganza."[74]

El investigador canadiense Wilbert Smith llegó posteriormente, a la misma conclusión: "Las dos grandes fuerzas involucradas en el intento de influir en la mente del ser humano, podrían ser descriptas como *positivas* es decir, pensamientos en armonía con el concepto del amor de Dios y la fraternidad entre los hombres; y *negativas*, aquéllas que acompañan propósitos anticristianos, diseñadas para ganar control sobre el hombre con el fin de adquirir poder. Esta batalla por el control de la mente humana tiene lugar en dos frentes: el físico y el metafísico, y el objetivo de la misma es por un lado la salvación, y por el otro la destrucción del homo sapiens."[75]

Basado en esta diferencia el Maestro DK dice: "La Jerarquía Espiritual del planeta inclina el peso de su fuerza contra el Eje de poder totalitario tanto como lo permita la colaboración de las personas espirituales del mundo, puesto que no puede haber coerción sobre el libre albedrío."[76] Debe quedar claro por lo tanto, incluso para los teóricos de la conspiración que por ejemplo cuando Winston Churchill habló sobre el "nuevo orden mundial" no se estaba refiriendo al cuerpo de un mundo totalitario.

En el mismo año 1940, H. G. Wells publicó su libro *El Nuevo Orden Mundial* en el que discurre sobre la necesidad de un modo diferente de organizar la sociedad. Afirmó: "O la humanidad colapsa o bien nuestra especie lucha en los duros aunque obvios caminos que reúno en este libro, para alcanzar un nuevo nivel de organización social. Poco se puede hablar sobre la abundancia, el entusiasmo y el vigor de la vida que aguarda a nuestros hijos en ese camino hacia arriba de la ladera. Si se logra. No hay duda de la degradación y miseria que les espera si no."[77]

Es claramente un triste caso de 'jerga moderna' manipuladora, para etiquetar la consumación del orden existente como algo que el mundo estuvo por tanto tiempo en extrema necesidad de conseguir: un *nuevo* orden. Todo esto, por supuesto, para no decir que hay una elite global cuya aspiración es asegurarse el incremento de su riqueza y su poder e influencia para perpetuarse y completar su control de la vida del planeta como la entienden ellos. Y aunque no haya ni una pizca de evidencia en ese sentido, mucha gente sospecha de la existencia de una 'agenda alienígena' de una u otra forma tras esta elite. Si lo fuese, sería 'alien' (ajena) en el sentido de extraña al corazón humano. No en el sentido extraterrestre. George Adamski fue bien expedito al respecto: "Con el conocimiento científico avanzado que tienen y que les permite viajar a través del espacio, si esta gente [la del espacio] fuese hostil ¿no nos habría conquistado ya hace tiempo? No obstante, ¿es que acaso han hecho algún ademán en ese sentido?"[78] Por el contrario, Daniel Fry recibió la siguiente comunicación: "Hemos empleado considerable cantidad de tiempo y paciencia en el esfuerzo de iluminar a varias naciones de vuestro planeta en la esperanza de que aumentasen la visión del terrible abismo hacia el cual se afanan tan ciegamente."[79] "No intentaremos imponer ni nuestro conocimiento ni nuestra cultura y no nos aproximaremos a vuestra gente a menos que expresen un claro deseo en ese sentido."[80]

El contacto venusino de Adamski, Orthon, agregó: "A todos nosotros, que hemos sido inspirados desde que nacimos con la visión del conjunto, nos resulta impensable desobedecer lo que sabemos que es una ley universal. Estas leyes no son de los hombres. Estuvieron allí desde un principio, y seguirán estándolo por la eternidad. Bajo estas leyes cada individuo, cada grupo humano, toda la vida inteligente de cada mundo, debe decidir su propio destino sin la interferencia de otro. Consejo sí, también instrucción. Pero jamás interferir."[81]

El propio Adamski agregó en alguna parte: "Recordemos que esta gente es más avanzada que nosotros y han alcanzado el estadio en el que están atravesando y conquistando las experiencias por las que nosotros estamos pasando ahora. Ellos comprenden las luchas que enfrentamos, y de ahí que sientan compasión por nosotros. Como ya tantas veces dije, repetidamente me dijeron que sólo quieren ayudarnos – lo que sólo sería posible si nosotros nos avenimos a escucharlos y aceptar su ayuda. No desean herirnos, ni frustrarnos porque ello además despertaría nuestra desconfianza y echaría por tierra lo que por cientos de años han venido haciendo."[82]

En 1979 Benjamin Creme afirmó que los contactos del espacio están gobernados por leyes, y que aun cuando tiempo atrás haya venido gente no tan bien intencionada, esto cesó.[83] También el científico Michael Wolf que trabajó codo a codo con gente del espacio, lo confirma. Cuando la investigadora Paola Harris le preguntó a Sr. Wolf acerca del tema 'ET benevolente/hostil' él replicó: La mayoría es benevolente. Ocasionalmente alguien trasgrede la barrera, pero en ese caso por lo general no regresan. (...) Cuando tienen agendas ocultas, o cuando son identificados, se les impide venir aquí... [los ET benevolentes] no quieren interferencia negativa..."[84]

Basado en sus propios contactos, Wilbert Smith corrobora esto al decir: "Un gran número de hermanos del espacio cuya misión especial es salvaguardar el bienestar espiritual y el progreso evolutivo de los terráqueos, se ha unido para formar lo que en términos de nuestro planeta sería 'una fuerza policial cósmica'. Su verdadero role, añadieron, es totalmente defensivo –una medida de protección diseñada para asegurar la salvaguarda y el bienestar de la sociedad en su conjunto y el mantenimiento de la ley y el orden para preservar este objetivo. (...)

"Este role es doble: 1) mantener a raya aquellas fuerzas del espacio exterior que intentan infligir su influencia de un poder maligno mayor en terráqueos negativos y dudosos; y 2) asegurar que todas los seres del espacio exterior a los que se les permita visitar nuestro mundo, observen estrictamente las leyes cósmicas que gobiernan, de no interferencia y cero hostilidad respecto de los habitantes del planeta Tierra."[85]

Entre aquellos que toman sobre sí la responsabilidad de decir lo que hay que decir y afirma que no hay que culpar a fuerzas externas por todo aquello que hemos permitido que le pase a nuestro planeta, se cuenta el Papa Francisco. En su visita reciente a Bolivia condenó el capitalismo desaforado como "el estiércol del mal", diciendo: "Ningún poder actual o establecido tiene el derecho de privar a la gente del pleno derecho de su soberanía. Siempre que lo hacen vemos surgir nuevas formas de colonialismo que perjudican seriamente la posibilidad de paz y justicia. El nuevo colonialismo tiene muchas caras. A veces aparece como un anónimo becerro de oro: corporaciones, agencias prestamistas, algunos tratados de "libre comercio", y la imposición de medidas de 'austeridad' que siempre ajustan el cinturón de los trabajadores y los pobres."[86]

A muchos esto les parecerá 'socialista'. Lo que debiéramos recordar, sin embargo, es que ese no es más que un término que en sí mismo no es malo ni bueno. Aun cuando nos recuerde experimentos con sociedades socialistas que han sido mucho menos que perfectas, debido a la ausencia de libertades individuales. Como le dijeran sus contactos a Stefan Denaerde: "Fue una pena que los ideales comunistas se perdiesen en medio de la ineficiencia. Podrían haber hecho un gran bien. Fue un caso de economía controlada por el Estado confundida con la propiedad común."[87] Bueno es recordar aquí que el capitalismo charlatán que tenemos, cuando no tiene los cheques apropiados y cuando su economía está desbalanceada, deja también a la gran mayoría de la gente dando tumbos, incluso en lo que se refiere a las libertades individuales y en los llamados países 'ricos'. Amén de probarse como la gran amenaza a nuestra supervivencia como especie debido a su displicente dispendio del talento humano y a una explotación desenfrenada de nuestros recursos naturales. Por ello no sorprende que los contactos del Sr. Denaerde fuesen tan desdeñosos del sistema capitalista.[88] De hecho, le dijeron: "nuestro sistema económico universal puede compararse tanto con el comunismo como con el capitalismo occidental. De la misma manera que podríamos decir que no es comparable con ninguno de esos sistemas. (...) Sólo con nuestro sistema puede la raza humana adquirir un nivel cultural y estabilidad social, y de ahí en más, la inmortalidad. Es la condición cósmica, basada en las leyes naturales"[89]

De manera que a menos que uno piense que la justicia universal es mala, no es por cierto ni antidemocrática, ni anticristiana, ni antibudista, ni antisocialista, ni siquiera antiliberal. George Adamski afirmó que los visitantes del espacio no tienen preferencias de una forma terráquea específica sobre otra. "Cualquier preferencia contradeciría su costumbre de no aceptar divisiones. Comprenden que la Vida es eterna, y que cada persona nace para cumplir con un destino definido. Cada quien deberá aprender sus propias lecciones a medida que atraviesa los caminos de su propia vida. (...) Por lo tanto, todos merecen respeto por igual. De modo que no prefieren ni juzgan ninguna forma específica de concebir la sociedad."[90]

Daniel Fry recibió una comunicación similar cuando era contactado en julio de 1950: "Las tensiones políticas que existen ahora entre vuestras naciones deben relajarse. Si una de las dos naciones dominantes de la tierra obtuviese una superioridad científica decisiva sobre la otra, en las presentes condiciones, tendrían una guerra de exterminio a renglón seguido. No estamos aquí para colaborar con una nación a que le haga la guerra a otra, sino para estimular un grado de progreso tal que acabe con los motivos de guerra en la Tierra, tal como lo hemos hecho nosotros miles de años atrás, cuando eliminamos todo motivo de conflicto entre nuestra gente."[91]

Ni siquiera en medio de la Guerra Fría le molestaba a Adamski que sus contactos le diesen una perspectiva socialista para una sociedad que fuese justa, diciendo: "No sé qué se supone que la palabra 'socialismo' representa. La palabra 'social' significa ser empático con los semejantes. Jesús enseñó a la gente que la igualdad se componía de diferentes virtudes; la Gente del Espacio vive dentro de esta Ley Cósmica fuera de los 'ismos' que nosotros proclamamos."[92]

Según Benjamin Creme, los Maestros de Sabiduría "sostienen que el ideal para una organización social fuerte, sólida y justa sería un

70% de socialismo y un 30% de capitalismo".[93] De lo que podemos estar seguros es que los Maestros no se refieren a los defectuosos sistemas que hemos presenciado en nuestra historia (reciente), sino a las nociones originales que pueden encontrarse en la base de toda gran religión y escuela de pensamiento. Además, según el Maestro tibetano DK, todavía desconocemos "una verdadera democracia, y el grueso de la gente en la naciones democráticas está a merced de los políticos y de las fuerzas financieras así como lo está la gente gobernada por dictadores, iluminados o no."[94]

Respecto del propósito de una sociedad más justa, el Maestro venusino nos garantiza: "Hay grados de perfección así como hay grados para todas las cosas. En nuestros mundos somos felices, pero no nos estancamos. En cuanto uno llega a la cima de una colina según se la ve desde abajo, otra aparece. Lo mismo ocurre con el progreso. Deberemos andar el valle que las separa antes de volver a escalar."[95]

Para resumir, si asumimos la responsabilidad de lo que ocurre en nuestro planeta y en nuestras vidas –inspiradas y guiadas por nuestros Hermanos Mayores, los Maestros de Sabiduría– todo nuevo orden será lo que nosotros hagamos de él, y los Hermanos del Espacio nos han dejado saber que podemos contar con ellos tan pronto como les dejemos hacerlo.

Notas

1   Stefan Denaerde (1977), *Operation Survival Earth*, p.16
2   Ibidem, p.15
3   Benjamin Creme (ed., 2011), revista *Share Internacional*, edición inglés Vol.30, No.8, octubre, p.22
4   Entrevista con Dr. Edgar Mitchell en Nick Margerrison (2008), *The Night Before*, Kerrang! Radio, UK, el 23 de julio. Disponible en: <www.youtube.com/watch?v=RhNdxdveK7c>
5   Enrique Barrios (1986), *Ami, el Niño de las Estrellas*, edición inglés (1989) p.19
6   Ibid., p.25
7   Ibid., p.20
8   George Adamski (1957-58), *Cosmic Science for the Promotion of Cosmic Principles and Truth – Questions and Answers*, Series No.1, Part No.2, Pregunta #40
9   Stefano Breccia (2009), *Mass Contacts*, p.172
10 Ibid., p.192

11 Maitreya, en Benjamin Creme (ed.; 1994), *Mensajes de Maitreya el Cristo*, Mensaje No. 11, el 5 de enero 1978

12 Adamski (1957-58), op cit, Part No.5, Pregunta #99

13 Barrios (1986), op cit, p.100

14 Denaerde (1977), op cit, p.138

15 Barrios (1986), op cit, p.20

16 Adamski (1984), *Dentro de los Platillos Voladores*, edición inglés (1955) p.137

17 Daniel Fry (1954a), *A Report by Alan to Man of Earth*, como se ha reimprimido en Fry (1966), *The White Sands Incident*, p.88

18 Ibid., p.80

19 Orfeo Angelucci (1955), *The Secret of the Saucers*, p.33

20 Oxfam (2015), 'Richest 1% will own more than all the rest by 2016'. Disponible en: <www.oxfam.org/en/pressroom/pressreleases/2015-01-19/richest-1-will-own-more-all-rest-2016> [Consulta: 14 de abril de 2015]

21 Creme (ed., 2005), *Las Enseñanzas de Maitreya: Las Leyes de la Vida*, edición inglés p.109

22 World Economic Forum (2014), *Outlook on the Global Agenda 2014*, Chapter 2, Widening income disparities', p.12a. Disponible en: <www3.weforum.org/docs/WEF_GAC_GlobalAgendaOutlook_2014.pdf> [Consulta: 14 abril de 2015]

23 Office of the Press Secretary (2014), 'President Barack Obama's State of the Union Address'. The White House [online], el 28 enero. Disponible en: <www.whitehouse.gov/the-press-office/2014/01/28/president-barack-obamas-state-union-address> [Consulta: 14 abril de 2015]

24 Adamski (1984), op cit, p.239

25 Adamski (1965a), *Cosmic Bulletin*, diciembre 1964, p.14

26 Adamski (1957-58), op cit, Part No.2, Pregunta #40

27 Marianne Szegedy-Maszak (2015), '71 Years Ago FDR Dropped a Truthbomb That Still Resonates Today', *Mother Jones* [online], el 12 de abril. Disponible en: <www.motherjones.com/kevin-drum/2015/04/fdr-roosevelt-economic-rights-national-security> [Consulta: 13 de de abril 2015]

28 'Declaración Universal de Derechos Humanos'. Disponible en: <www.ohchr.org/EN/UDHR/Pages/Language.aspx?LangID=spn>

29 Joseph A. Califano Jr. (1999), 'What Was Really Great About The Great Society – The truth behind the conservative myths'. *The Washington Monthly* [online], octubre. Disponible en: <www.washington monthly.com/features/1999/9910.califano.html> [Consulta: 16 de abril de 2015]

30 Denaerde (1982), *Contact from Planet Iarga*, p.91. El original de esta cita en inglés se puede encontrar en p.39 de *Operation Survival Earth*.

31 Adamski (1984), op cit, p.167

32 James Meek (2014), 'Sale of the century: the privatisation scam'. *The*

Guardian [online], el 22 de agosto. Disponible en: <www.theguardian.com/politics/2014/aug/22/sale-of-century-privatisation-scam> [Consulta: 23 de agosto de 2014]

33 Denaerde (1977), op cit, p.50

34 Maitreya, en Creme (ed.; 1989), revista *Share Internacional*, edición inglés Vol. 8, No.3, abril, p.5

35 Buck Nelson (1956), *My Trip to Mars, the Moon and Venus*, p.16

36 Truman Bethurum (1954), *Aboard a Flying Saucer*, p.147

37 David Crary and Lisa Leff (2014), 'Number of Homeless Children in America Surges to All-Time High: Report'. *The Huffington Post* [online], el 17 noviembre. Disponible en: <www.huffingtonpost.com/2014/11/17/child-homelessless-us_n_6169994.html> [Consulta: 3 de agosto de 2015]

38 Eliza Barclay (2014), 'More cities are making it illegal to hand out food to the homeless'. NPR The Salt, el 22 de octubre [online]. Disponible en: <www.npr.org/sections/thesalt/2014/10/22/357846415/more-cities-are-making-it-illegal-to-hand-out-food-to-the-homeless> [Consulta: 8 de julio de 2015]

39 Christopher Donato (2014), '90-Year-old man charged with feeding the homeless says he won't give up'. ABC News, el 6 de noviembre [online]. Disponible en: <abcnews.go.com/US/90-year-florida-man-charged-feeding-homeless-wont/story?id=26733223> [Consulta: 8 de julio de 2015]

40 Adamski (1957-58), op cit, Part No.5, Pregunta #94

41 'Spain Youth Unemployment Rate'. *Trading Economics*, el 14 de abril 2014. Disponible en: <www.tradingeconomics.com/spain/youth-unemployment-rate>

42 Giles Tremlett (2015), 'The Podemos revolution: how a small group of radical academics changed European politics'. *The Guardian* [online], el 31 de marzo. Disponible en: <www.theguardian.com/world/2015/mar/31/podemos-revolution-radical-academics-changed-european-politics>. [Consulta: 1 de abril de 2015]

43 Owen Jones (2014), 'It's socialism for the rich and capitalism for the rest of us in Britain'. *The Guardian* [online], el 29 de agosto. Disponible en: <www.theguardian.com/books/2014/aug/29/socialism-for-the-rich> [Consulta: 17 de abril de 2015]

44 Amelia Gentleman (2014), ' "No one should die penniless and alone": the victims of Britain's harsh welfare sanctions'. *The Guardian*, el 3 de agosto [online]. Disponible en: <www.theguardian.com/society/2014/aug/03/victims-britains-harsh-welfare-sanctions> [Consulta: 4 de agosto de 2014]

45 Siobhan Fenton (2015), 'Welfare cuts: Statistics watchdog urges Government to release clear information on benefits sanctions'. *The Independent* [online], el 8 de agosto. Disponible en: <www.independent

.co.uk/news/uk/politics/welfare-cuts-statistics-watchdog-urges-government-to-release-clear-information-on-benefits-sanctions-10446515.html> [Consulta: 9 de agosto de 2015]

46 Jones (2014), op cit

47 Denaerde (1977), op cit, p.42

48 Ibid., p.16

49 Ibid., p.60

50 Barrios (1986), op cit, pp.37-38

51 Ibid., p.79

52 Ibid., p.82

53 Alfie Kohn (1991), 'Caring Kids – The Role of Schools'. *Phi Delta Kappan* (marzo), p.497

54 Adamski (1965), *Answers to Questions Most Frequently Asked About Our Space Visitors And Other Planets*, p.17

55 Creme (2003), *El Arte de la Cooperación*, edición inglés (2002) pp.31-32

56 Denaerde (1977), op cit, p.47

57 Wilbert Smith (1969), *The Boys from Topside*, p.30

58 Creme (2003), 'Preguntas y respuestas'. Revista *Share Internacional*, edición inglés, Vol.22, No.5, maio, p.25. Las estimaciones oficiales oscilaron entre ocho y treinta millones de participantes; ver Joris Verhulst (2010), 'February 15, 2003: The World Says No to War'. En: Stefaan Walgrave & Dieter Rucht (eds.), *The world says no to war: Demonstrations against the War on Iraq*, p.1

59 El Maestro de Benjamin Creme (1999), 'El fin de la "era de la barbarie"'. Revista *Share Internacional,* edición inglés abril, p.3

60 Adamski (1984), op cit, p.208

61 Ibid., p.139

62 Entrevista con Lachézar Filipov en BTV, Bulgaria, octubre 2012. Disponible en: <www.youtube.com/watch?v=23WRbbWFBQI> [Consulta: 2 de marzo de 2015]

63 Dino Kraspedon (1959), *My Contact With Flying Saucers*, p.88

64 Adamski (1984), op cit, p.90

65 Ibid., pp.116-17

66 El Maestro de Benjamin Creme (1999), op cit.

67 Adamski (1984), op cit, p.93

68 Ibid., p.94

69 Maitreya, en Creme (ed.; 1994), op cit, Mensaje No.93, el 22 de enero 1980

70 Ibid., Mensaje No.81, el 12 septiembre 1979

El nuevo orden mundial lo hacemos nosotros

71 Denaerde (1977), op cit, p.38

72 Gerard Aartsen (2011), *Here to help: UFOs and the Space Brothers*, 2da edición 2012, p.24ff

73 Alice A. Bailey (2000), *La Exteriorización de la Jerarquía*, edición inglés p.183

74 Ibid, pp.186-87
75 Smith (1969), op cit, p.30
76 Bailey (2000), op cit, p.187
77 H.G. Wells (1940), *The New World Order*, The University of Adelaide Library edición web. Disponible en: <ebooks.adelaide.edu.au/w/wells/hg/new_world_order/index.html>
78 Adamski (1957-58), op cit, Part 1, Pregunta #20
79 Fry (1954a), op cit, p.67
80 Fry (1954), *The White Sands Incident*, p.43
81 Adamski (1984), op cit, pp.98-99
82 Adamski (1957-58), op cit, Part No.5, Pregunta #89
83 Creme (1994), *La Reaparición del Cristo y los Maestros de Sabiduría*, edición inglés (1979), p.209
84 Paola Harris (2008), *Connecting the Dots... Making Sense Of The UFO Phenomenon*, p.159
85 Smith (1969), op cit, p.45
86 Reuters (2015), 'Unbridled capitalism is the "dung of the devil", says Pope Francis', *The Guardian* [online], el 10 de julio. Disponible en: <www.theguardian.com/world/2015/jul/10/poor-must-change-new-colonialism-of-economic-order-says-pope-francis> [Consulta: 11 de julio de 2015]
87 Denaerde (1977), op cit, p.43
88 Ibid., p.134
89 Ibid., p.39
90 Adamski (1957-58), op cit, Part 1, Pregunta #6
91 Fry (1954), op cit, p.30
92 Adamski (1965), op cit, p.28
93 Creme (ed., 2007), 'Preguntas y respuestas'. Revista *Share Internacional*, edición inglés Vol.26, No.1, enero/febrero, p.34
94 Bailey (2000), op cit, p.52
95 Adamski (1984), op cit, p.93

El Instructor del Mundo (pp.43-44)

a Adamski (1957-58), op cit, Part No.1, Pregunta #10
b Ver Gerard Aartsen (2008), *Our Elder Brothers Return – A History in Books (1875-Present)*, 'Various Teachings'. Publicado online en <www.biblioteca-ga.info/50/18>
c Giorgio Dibitonto (1990), *Angels in Starships*, pp.32-33
d Bailey (1974), *La Reaparición de Cristo*, edición inglés p.69
e Adamski (1962), *Special Report : My Trip to the Twelve Counsellors' Meeting That Took Place on Saturn, March 27-30, 1962*, Part 2
f Creme (ed.), revista *Share Internacional*, edición inglés, Información de fondo

"Su aparición responde al Plan Universal de la hermandad, de ahí que ellos ofrezcan una mano para ayudar y palabras de enseñanza en momentos de necesidad..." –George Adamski, EE UU

"Los Hermanos del Espacio están aquí para ayudar a la gente de la Tierra a superar las dificultades que nuestra propia ignorancia nos ha deparado..." –Benjamin Creme, Reino Unido

"Servir, ayudar a otros es lo que nos trae la mayor felicidad..." –El contacto de Enrique Barrios, Chile

"Los gobiernos de nuestro mundo (...) tienen el mayor interés en brindar al público una idea negativa de los extraterrestres que parecen estar motivados, en cambio, por buenas intenciones." –Paolo di Girolamo, Italia

"Ellos están allí, listos y deseosos de brindar ayuda. De hecho ya nos han ayudado un montón, en formas que no interfieren con nuestro libre albedrío." –Wilbert Smith, Canadá

"Ellos prevén un futuro de gran prosperidad para el planeta Tierra, siempre y cuando nuestros dirigentes eviten un nuevo conflicto y nos confirmen que ellos están entre nosotros, para ayudarnos." –Alberto Perego, Italia

"Décadas atrás, los visitantes de otros planetas nos advirtieron respecto de nuestros dirigentes y ofrecieron ayuda" –Paul T. Hellyer, Canadá

"No son hostiles, quieren ayudarnos pero nosotros no hemos madurado lo suficiente como para establecer un contacto directo con ellos." –Prof. Lachezar Filipov, Bulgaria

3. Correctas relaciones humanas: los extraterrestres 'muestran y cuentan'

Nunca será suficiente la acentuación, incluso la reiteración de que son muchos los testimonios de encuentros reales en este tiempo de transición. Más aún si se presta atención a la multitud de historias infundadas respecto de la 'amenaza alienígena' y una cantidad similar de canalizaciones ilusorias de fantasiosos 'emisarios galácticos' (ver página anterior).

Respecto *de la manera* en que los visitantes del espacio nos están ayudando, el esoterista Benjamin Creme fue el más preciso: "Aquello a lo que denominamos OVNI (los vehículos de la gente del espacio, procedentes de planetas superiores) tienen un rol definido en la construcción de una plataforma espiritual para el Instructor del Mundo, preparando a la humanidad de estos días. De hecho, desde la guerra, han jugado un rol destacado en la preservación del planeta."[1] Este último hecho fue reconocido por el cónsul italiano Alberto Perego cuando afirmó: "Debemos agradecerles por haber evitado hasta ahora, la guerra nuclear."[2]

Sr. Creme sigue diciendo: "La Gente del Espacio libera en nuestro mundo cantidades de energías cósmicas que juegan un rol fundamental en la transformación de la humanidad y en la preservación del planeta como una entidad completa. Su trabajo es continuo y sin fin, y todos tenemos para con ellos una deuda inmensa." En otro lugar agrega: "Andan por nuestros cielos obstruyendo y neutralizando grandes cantidades de basura nuclear y la inmundicia tóxica que largamos a la atmósfera." Sin esto, dice "la vida en el planeta sería verdaderamente penosa…"

"Otro aspecto del inmenso trabajo que realizan por el planeta Tierra es que están replicando, en el plano físico, el campo de energía magnética alrededor del planeta (…) en conexión con una nueva tecnología que nos habrá de proporcionar una cantidad ilimitada de energía libre para todas nuestras necesidades, directamente desde el sol: 'la ciencia de la luz'…"[3] Esta será puesta a nuestra disposición "tan pronto como hayamos renunciado a la guerra, mostrando que somos capaces de vivir juntos en paz con justicia, compartiendo y estableciendo correctas relaciones humanas."[4]

Estas 'correctas relaciones humanas' es lo que anda faltando en nuestros sistemas, sin embargo es el corazón de la perspectiva que tienen en los planetas superiores. Queda suficientemente aclarado cuando el Maestro de Saturno exhorta a Adamski: "No dejes nunca de aclarar a (los de tu mundo) que son hermanos y hermanas, independientemente de dónde hayan nacido o hayan elegido vivir. La nacionalidad y el color de nuestra piel no es más que algo accidental ya que el cuerpo es tan sólo una morada transitoria. Cambia en la eternidad de los tiempos. En el infinito progreso de la vida, cada uno, eventualmente conocerá todos los estados."[5]

Mucha gente interesada en el tema de los OVNIs y la exopolítica entenderán las descripciones de otros planetas en los relatos de muchos contactados.

#85 Por ejemplo, tras su visita a Marte, Buck Nelson dijo: "Marte es muy colorido. No podría decir cuándo terminaba un color y comenzaba el otro."[6]

La señora capitana de 'Clarión' a la que Truman Bethurum contactó varias veces, le dijo: "Marte es un hermoso lugar para visitar. Hay gente tal como vos y yo… Cada hogar tiene un jardín en el que abundan las flores y los arbustos…"[7] Y Howard Menger

La vida en otros planetas y en otros niveles – no es "materia oscura"

Cuando en 1958 empezaron a llegar las primeras (y contradictorias) estimaciones de la temperatura en Venus, rápidamente se ridiculizó a George Adamski por sus afirmaciones de que sus contactos procedían de ese y otros planetas. No sólo él: Dino Kraspedon físico contactó a Aladino Félix, Wilbert Smith, investigador contactado, Bruno Ghibaudi –periodista contactado–, Howard Menger, y Buck Nelson también contactados, todos ellos afirmaron públicamente que las naves y sus ocupantes proceden de este sistema solar, principalmente marte, Venus, Saturno y algunos otros planetas.[a]

Después de eso, sin embargo, ningún otro contactado habría de determinar la procedencia de los visitantes del espacio dentro de nuestro sistema solar. Sin embargo, hasta el día el esoterista Benjamín Creme afirmó categóricamente: "Todos los planetas de nuestro sistema están habitados..." pero, agregó: "ninguno que fuese a Marte o a Venus vería a nadie porque sus cuerpos son materia etérica."[b] En consonancia con las afirmaciones de Creme respecto de que todos los planetas están habitados, los contactos de Menger le confirmaron: "Si una persona de este planeta (la Tierra) fuese a otro planeta en su cuerpo físico, probablemente no lograría ver ninguna de las formas de vida que vibran más velozmente que la suya – así como tampoco puede ver las formas espirituales que rodean su propio planeta o están en él. Para lograr verlas debería condicionar y procesar su cuerpo físico."[c]

La enseñanza de la Sabiduría Eterna propone sumar cuatro planos de materia a la de sólida, líquida y gaseosa. Cada uno de estos niveles está conformado de partículas subatómicas que vibran a una frecuencia mayor que los niveles por debajo de ellos. De allí que en el estado actual de evolución estén por fuera de nuestro rango de visión. Esto explica que a nuestros ojos las naves puedan aparecer y desaparecer. Es Adamski quien nuevamente nos proporciona la explicación más adecuada al respecto cuando dice: "Toda la Naturaleza es etérica; ya sea que tenga o no una forma. (...) Cuando la palabra 'éter' sea comprendida adecuadamente se entenderá que no hace referencia a espíritus ni a entidades desencarnadas."[d]

Respecto de los visitantes del espacio agrega: "Pueden enfocar sus mentes en una frecuencia mayor que hace que su cuerpo se nos haga invisible a nosotros por nuestro limitado rango visual."[e]

Según Benjamin Creme, como las naves son de naturaleza etérea, y su rango de vibración puede ser disminuido con el propósito de ser avistados, uno sólo puede abordarlos en el cuerpo etéreo. O sea, nuestra conciencia tiene que ser "elevada" del rango de físico denso al etérico. En *Aquí para ayudar: OVNIs y los Hermanos del Espacio* presenté la evidencia tácita a este hecho brindada por diferentes contactados que testimoniaron esta apertura de su conciencia cuando abordaban una nave.[f] Howard Menger nos proporciona una explicación plausible del proceso a través de sus anfitriones cuando le explican: "Te proyectamos el rayo para condicionar y procesar tu cuerpo de modo que pudieses abordar la nave. Lo que en realidad pasó fue que el rayo cambió la frecuencia de tu cuerpo físico para igualar la de la nave."[g]

Cualquiera que piense que esto es descabellado haría bien en recordar que según los cálculos astrofísicos en relación a la masa del universo, la propia ciencia admite desconocer de qué está conformado el 96% al que denomina, desde 1930 'materia oscura'. Desde entonces muchos científicos innovadores han hecho descubrimientos que apuntan todos en la misma dirección como explicaciones (parciales) de la 'materia oscura', alias los niveles etéricos de la materia.

En suma: Semyon Kirlian desarrolló una técnica que registra los campos de energía que emanan de los organismos vivientes, que de otro modo serían invisibles; Wilhelm Reich MD descubrió una fuerza vital primordial que atraviesa todo a la que denominó 'orgón'; y Rupert Sheldrake demostró experimentalmente la existencia de campos morfogenéticos en los cuales los cianotipos naturales precipitan en las diferentes formas de vida tal como las conocemos.[h]

En marzo de 2015 estas ideas 'de avanzada' fueron prácticamente confirmadas cuando la corriente científica mayoritaria informó de hallazgos que "sugerían que la materia oscura no es más que otra forma de partícula sub atómica, que probablemente forme un universo paralelo de 'supersimetría' llena de materia supersimétrica que se comporta como una imagen especular invisible de materia."[i] De modo que cuando leemos afirmaciones que niegan la vida en otros planetas de nuestro sistema solar, sólo debemos agregar a esas afirmaciones: "...en los niveles de materia física densa".

Notas en página 125

describe a Venus como maravillosamente hermoso. "La impresión que daban [sus ciudades] no era de ciudades, sino de hermosas áreas suburbanas como las que recuerdo haber visto en nuestro propio planeta, aunque claro está, mágicamente diferentes. Los edificios, emplazados en entornos naturales, con árboles inmensos parecidos a nuestras secuoyas rojas y jardines extendiéndose por todos lados. También vi bosques, arroyos, grandes masas de agua. La gente andaba por ahí, vestida con colores suaves. También vi animales de cuatro patas que jamás había visto."[8] Luego agrega: "Viven en pequeñas comunidades en los bosques. No deforestan para levantar sus viviendas. Sus comunidades se mantienen pequeñas..."[9]

"Tienen numerosas comunidades, no ciudades gigantescas y congestionadas como nosotros" –escribe George Adamski– "y en vez de emplear una pequeña proporción de la tierra para abastecer las necesidades de la gente como hacemos nosotros, ellos aprovechan la totalidad para atender las necesidades de sus habitantes. Tampoco agotan la tierra como nosotros. Practican la rotación de los cultivos y devuelven a la tierra cierto porcentaje de su propio producto para fertilizarla y abonarla. Toda parcela recibe su período de descanso. De este modo no precisan emplear venenos ni fertilizantes artificiales. (...) Saben que toda vida importa en el Plan Divino. Saben también que la naturaleza provee lo necesario para todas sus criaturas y se mantiene en equilibrio."[10]

Como Howard Menger, observó que "todas las ciudades seguían un patrón circular u oval, y ninguna de ellas estaba congestionada. Una gran franja de tierra deshabitada corría entre las comunidades concentradas. (...) Las calles obedecían a un diseño y estaban hermosamente rodeadas de flores multicolores."[11] También "las granjas siguen un diseño circular. No están esparcidas al azar. Me dijeron que ésta disposición permite que los grupos de labranza se mantengan reducidos en comunidades autosuficientes, conteniendo todo lo que un labriego precisa."[12]

En 'Iarga' todos los lugares aptos para la vivienda siguen del mismo modo, una pauta circular. Así lo describe Stefan Denaerde que acompaña su información con dibujos detallados. "Les decimos 'casas de anillos' porque se construyen con esa forma. En el centro hay una zona de recreación."[13]

Siguiendo con la descripción que hace Adamski de la vida en Venus: "Debido a su organización social en la que todos se respetan y son provistos de todo lo que se precisa para la vida, no existen las Instituciones disciplinarias. Como la gente de Venus, Marte y otros planetas, han aprendido a vivir en armonía, no existen las tensiones y por lo tanto tampoco las enfermedades. (...)

"No precisan de medicamentos porque sus cuerpos reciben todo lo que precisan. En caso de un accidente, el conocimiento que tienen del cuerpo humano los habilita para asistirse recíprocamente. Así es como tampoco hay necesidad de doctores, enfermeras ni hospitales." Esto, prosigue diciendo Adamski, también es posible en la Tierra: "El primer requisito es que cada individuo aprenda a vivir en armonía consigo mismo y en cooperación con los demás."[14]

Aun cuando para alguna gente el entusiasmo de Buck Nelson por una sociedad abstemia, algo prematura o poco atractiva, es obvio que confirma la información brindada por Adamski cuando dice: "La gente de otros planetas en nuestro sistema solar está capacitada para vivir en paz, sin guerras, sin fuerzas armadas ni policía; sin tabaco, café o té; sin bebidas alcohólicas ni drogas peligrosas. Debido al empleo exclusivo de alimentos no refinados la enfermedad es muy rara, por lo tanto tampoco hay hospitales, ni prisiones ni sanatorios. El abanico de la vida está muy extendido y para el gobierno el costo es ínfimo. No hay erogación extra ya que todos viven según la regla de verdad y justicia."[15] Agrega: "Le llaman 'vida de hogar', a ese vivir según la Regla de Oro ("Trata a los demás como quieras que te traten a ti") ... No se precisan grandes edificios, ni municiones, ni armas, ni fuerzas policiales ni celdas."[16]

El 19 de mayo de 2015, mientras fotografiaba una tormenta sobre la reserva "De Onlanden" en Groninga al norte de Netherland, Harry Perton tomó esta fotografía que capta este avistamiento. Él creyó que se trataba del reflejo de una lente, pero Benjamin Creme confirmó por su Maestro que se trataba del avistamiento de un OVNI de Marte *(Revista Share Internacional de julio/agosto de 2015 pág.19)*

(Foto: © Harry Perton)

Estas afirmaciones son confirmadas por Howard Menger: "No tienen funcionarios de ningún tipo. Viven en paz y armonía y todos saben cuál es su aptitud principal de modo que trabajan en el área donde su aptitud se aplica – y aman su trabajo."[17]

A Truman Bethurum, su contacto le dijo: "Nunca encontrarás entre nosotros los problemas que los afligen a ustedes... No sabemos de enfermedades, ni doctores o enfermeros."[18] "Otros planetas están demasiado involucrados en el bienestar de sus habitantes como para atender discusiones de menor importancia."[19] Agrega Bethurum: "Me dio la impresión además que en su planeta se desconoce la pobreza, porque la cooperación es un aspecto inherente a su modo de vida. Eso a lo que nosotros le decimos 'riqueza' o 'ser adinerado' está distribuido y la gente, ocupada en vivir y aprender, no se preocupa por lo que el otro tiene o no tiene."[20]

Buck Nelson hizo una observación similar: "La gente de Marte, la Luna y Venus se parece bastante a nosotros, pero luce mejor en general. (...) Comen algo de carne. Al menos yo probé algo que se le parecía bastante. Pero básicamente se alimentan de frutas y verduras. Son gente saludable y feliz. Me dijeron que es muy raro que alguien se enferme..."[21] El contacto de Howard Menger confirmó algo muy similar: "En mi planeta es muy raro que alguien contraiga una enfermedad, pero cuando el cuerpo muestra síntomas de algún achaque, el propio cuerpo se percata de que ha descuidado alguna de las Leyes Naturales del Padre."[22]

Esta conexión directa entre un sistema económico justo, basado en el libre acceso a todo bien que es preciso para solventar las necesidades de la vida y nuestra salud física fue señalado en la década de los 40' cuando el Maestro tibetano Djwhal Khul escribió: "La llave maestra para una buena salud, esotéricamente hablando, es compartir o distribuir, las enfermedades económicas de la humanidad se corresponden con las enfermedades en los individuos. Hay obstáculos que impiden una corriente fluida entre las necesidades y los puntos de distribución. Estos puntos de

Una imagen similar a la anterior. Este avistamiento aparece en la fotografía de una aureola boreal en Andenes, al Norte de Noruega el 20 de enero de 2010. (Foto © Per-Arne Mikalsen, Andenes, Noruega)

distribución son ociosos: la dirección de la distribución es fallida, y sólo a través de una saludable conciencia respecto del principio de compartir podrán curarse los seres humanos..."[23]

En el capítulo anterior vimos cómo los visitantes del espacio han compartido con nosotros su profunda comprensión de cuáles son las causas de los problemas que tenemos en la Tierra. Pero lo que no debiéramos pasar por alto, porque es en realidad es mucho más importante y menos tenido en cuenta, es que también nos han mostrado qué alternativas tenemos para los sistemas en bancarrota con los que hemos venido lidiando por décadas. Pudimos observar cómo fue ridiculizado George Adamski por sus descripciones de la vida en Venus y de la filosofía espiritual sobre la que se sustenta. Sin embargo quien nos diera más detalles, fue Stefan Denaerde que nos contó cómo se organiza la sociedad en esos planetas.

Si bien varios autores enfocaron este aspecto de la información que los contactos nos hicieron accesible, en general muchos son detractores que equiparan los relatos de los contactados con una nueva religión o bien vinculan correctamente los mismos con las enseñanzas procedentes de H. P. Blavatsky y Alice A. Bailey, pero lo hacen para descartar con ello los relatos, sin asumir las enseñanzas de unos o de otros, dejando al margen la importancia de la información para el mundo de hoy.

De este modo borran el asombro que provoca la similitud de los mensajes que muestran acabadamente cuáles son las prioridades consideradas por los Hermanos del Espacio para que podamos recuperar la salud en nuestro mundo y salvaguardar el futuro.

Página 93: Otra embarcación similar fue fotografiada en julio de 1957 por la Sra. William Felton Barrett de Massachusetts, EE UU durante un crucero en Noruega. Ella declaró que no había visto nada mientras tomaba la fotografía, pero que la nave apareció cuando el negativo fue revelado y se imprimió la foto.

Esta fotografía fue publicada por primera vez en la revista británica *Flying Saucer Review*, Vol.4 Nº6 de noviembre/diciembre 1958. Luego Dino Kraspedon la usó como cubierta de su libro *Mi contacto con los Platos Voladores* de 1959

Basado en su experiencia de dos días durante los cuales interactuó con la tripulación de un platillo de 'Iarga', Stefan Denaerde resumió cuáles eran las necesidades de la Tierra de modo de lograr una libertad sustentable para su gente. Aparte de desechar las corporaciones, reseñó el modo de lograr cubrir las necesidades básicas de todos: "El sistema económico universal muestra ser en la práctica un sistema eficiente de producción de bienes y servicios, dando importancia prioritaria a la vivienda, la nutrición y el transporte. El producto es compartido con el simple control del consumo individual. El propósito de este sistema es liberar al individuo, tanto como sea posible de un trabajo no creativo y/o servil."[24]

"El comienzo de este sistema es su ordenamiento universal. La unidad de las razas procede de la obediencia a las Leyes Divinas y por lo tanto a la unificación del sistema legal. (…) La totalidad de los bienes y servicios es controlada por cooperativas que operan globalmente. Son presididas por los que conforman el gobierno del mundo. No son tanto formaciones económicas como políticas, que llevan a cabo la mayor parte de las tareas que aquí recaen sobre los gobiernos y los ministerios."[25]

Habrán notado que los contactados o sus contactos con frecuencia hablan en términos de Dios, el Creador, el Padre, etc. Ellos hablan a partir de una profunda comprensión y una experiencia interior de la realidad que aquí en la Tierra sólo conocemos de parte de la autoridad de los Maestros. Para una adecuada apropiación de estas afirmaciones ayudaría diferenciar cabalmente entre los Maestros y sus enseñanzas por un lado, y aquéllos que han actuado como intermediarios o intérpretes por el otro. Me refiero a las religiones organizadas ya sea que su propósito fuese egoísta o no.

Los contactos de George Adamski señalaron en forma reiterada a qué aludían al hablar de las 'leyes Divinas': "Tanto en el viejo Testamento así como en el nuevo de la Biblia cristiana y en las enseñanzas de todos los Grandes, encontramos el mandamiento del Amor. 'Ama a tu prójimo como a ti mismo'. Para comprender acabadamente el verdadero significado de este mandamiento debemos ensanchar el concepto de 'prójimo'. No se trata sólo de la persona que vive al lado, sino de cada ser en los otros planetas, en nuestro sistema; de cada uno que vive en el vasto e ilimitado Cosmos."[26] Los visitantes del espacio nos aventajan tanto, nos dice Adamski, porque "millones de años atrás la gente de los otros planetas de nuestro sistema empezaron a respetarse entre sí como hermanos y hermanas en nuestra familia planetaria, reconociéndose todos como hijos del único Creador Infinito."[27]

En su folleto *Mi viaje a Marte, la Luna y Venus,* Buck Nelson comentó: "Ellos viven verdaderamente bajo las leyes de Dios"[28], en tanto que el protagonista de Enrique Barrios, Ami le dice a su amigo de la Tierra Pete: "No hacemos la guerra porque de verdad creemos en Dios."[29] Como le dijera el Maestro de Venus a Adamski: "Te han dicho que en nuestros mundos *vivimos* según las leyes del Creador, en tanto que en la Tierra sólo hablan de ellas. Si ustedes viviesen de acuerdo con los preceptos que conocen tan siquiera, las personas de la Tierra no andarían matándose unas a las otras. Trabajarían entre ellos, se unirían en grupos, las naciones se unirían en pos de adquirir la felicidad y el bien en ese sector del mundo en el que han nacido y que por lo tanto llaman 'hogar'."[30] En algún otro sitio relata lo que le dijese un contacto de Saturno: "Han elegido un día de cada año para la observancia de la Hermandad del hombre, y hablan de la Paternidad del Creador. Sin embargo, en total olvido de lo que estas declaraciones debieran generar, dispensan dinero de las más diversas formas para arruinar y devastar a vuestros semejantes. ¿No les choca elevar oraciones a la Divinidad para que les bendiga vuestra grosera destrucción?"[31]

Los contactos de Denaerde no se privan de referirse a las enseñanzas de Cristo cuando explican cómo la humanidad podría entrar en las regiones más elevadas de la evolución: "La primera de las leyes [de selección cósmica] confirma la condena que Cristo hace de la discriminación social. Un desarrollo técnico elevado liquida toda discriminación bajo la pena del caos y la eventual autodestrucción. La Tierra nos demuestra la justicia de esta ley en forma convincente. Ya se ve el caos social y la amenaza [de la autodestrucción, N.T.] comienza a manifestarse. Por el momento sólo los muy poderosos tienen armas nucleares a su disposición pero pronto las tendrán también grupos nacionalistas de menor envergadura. La situación se vuelve más y más insegura año tras año. Y en poco tiempo tendrán la posibilidad de descubrir la radiación inmaterial [¿la bomba neutrónica? G.A.] un momento más y un puñado de hombres estará habilitado para producir un arma capaz de destruir la totalidad de los hombres de la Tierra. ¿A dónde lleva todo esto? ¿Por cuánto tiempo más podrá sostenerse una civilización cuya ciencia desconoce sus responsabilidades?"

"La segunda ley nos permite comprender cabalmente el valor de las relaciones humanas. Propone 'el Amor de Cristo' como condición para la integración cósmica. Sólo el comportamiento generoso que restaura la eficiencia original del orden natural puede otorgarle a una raza inteligente la seguridad de supervivencia, mientras se obtiene la integración cósmica."[32]

Por el contrario, "una raza que vive bajo la constante amenaza de guerra y destrucción, lógicamente no puede hacer planes para un futuro distante" de allí que no se involucrará en crear ni mantener las condiciones planetarias para una supervivencia de largo término. Por lo tanto la Tierra: "vive para el presente y para el pasado, y no toma en consideración las generaciones futuras."[33]

Durante su encuentro con visitantes del espacio en White Sands (Nuevo México, EE UU), allí donde se probaron las primeras bombas atómicas en los 40', a Daniel Fry se le dijo: "Con las vivencias pasadas permanentemente delante nuestro, vimos que era preciso mantener los valores materiales en relación proporcional y adecuada con los valores sociales y espirituales, que son tanto más importantes."[34]

"Cuando las industrias de vuestras naciones –le confirmaron sus contactos– se vean liberadas de la necesidad de aplicar tiempo y energía en producir pertrechos de guerra y destrucción, encontrarán el modo y la energía necesarios para elevar los estándares de vida de cada uno de los habitantes de la Tierra, a un punto en el que no habrán de sentir necesidad. La liberación de la necesidad viene aparejada con la liberación del miedo y vuestra civilización superará este punto crítico de su desarrollo."[35]

Hace alrededor de treinta y cinco años, esta idea fue adoptada por la Comisión Independiente sobre Temas de Desarrollo Internacional, extensa organización que incluía a antiguos líderes mundiales y otras figuras prominentes del espectro político de izquierda a derecha, bajo la presidencia del anterior canciller de Alemania Occidental, Willy Brandt. En sus palabras previas al informe de la Comisión de 1980 *Diálogo Norte-Sur,* escribió: "A veinte años vista del nuevo milenio, debemos elevarnos por encima de nuestros enfrentamientos cotidianos para observar la amenaza que se cierne. Vemos un mundo en el que la miseria y el hambre prevalecen en muchas y extensas regiones; en los que los recursos son desperdiciados y nadie se ocupa de que sean renovados; donde se fabrican y vender más armamentos que nunca; y donde la capacidad destructiva se ha acumulado a un punto de poder hacer estallar el planeta varias veces."[36] Si fue profética en su momento esta afirmación hoy, lo es más que entonces.

Uno de los Maestros de Sabiduría que de acuerdo con lo que Benjamin Creme ha venido afirmando, trabajará codo a codo con el Instructor del Mundo, delineó una lista de las cosas a ser llevadas a cabo por la humanidad: "Para ayudar a los hombres en el logro de sus objetivos [el Instructor del Mundo] ha señalado una serie de prioridades (…) que siendo evidentes de por sí, en gran medida no se verifican. Se trata de las necesidades primarias para todo ser humano. La primera es alimento en cantidad y calidad suficientes para cada uno. En segundo lugar, vivienda adecuada. En tercer lugar asumir que la salud y la educación son derechos universales. Estos son los requerimientos mínimos para un mundo estable y habrán de ser las principales responsabilidades que los gobiernos tendrán que asegurar en todas partes. Simples como son, tendrán efecto de largo alcance y serán escolta de la nueva era para esta Tierra."[37]

Mientras los políticos se ensañan denunciando a gente procedente de Asia, África y América Latina que buscan mejor futuro en otra regiones, y los tildan de "buscadores de fortuna" o "refugiados económicos", la Declaración Universal de los Derechos Humanos no distingue entre aquellos que padecen opresión, ya sea ésta política, religiosa, social o económica. Como declara el artículo 25: "Es universal el derecho a un estándar de vida adecuado a la salud, el bienestar para sí y su familia, incluyendo alimento, vestido, hogar y cuidado médico así como los servicios sociales necesarios. Tiene asimismo derecho a los seguros en caso de desempleo, enfermedad, invalidez, viudez, vejez y otros casos de pérdida de sus medios de subsistencia por circunstancias independientes de su voluntad."[38]

En el año 2001, mucho antes de la migración de las poblaciones arrasadas por la guerra o por injusticia económica tal como vemos hoy a diario, Benjamin Creme hizo la siguiente pregunta: "¿Imaginamos verdaderamente que la gente del mundo en desarrollo habrá de tolerar este estado de cosas indefinidamente? ¿Suponemos acaso, que no saben qué es lo que está ocurriendo, lo que otra gente tiene, cómo vive, cuánto desperdicia? Ya están empezando a reclamar por sus derechos."[39]

Entonces, ¿cómo habremos de salir del actual sistema, hundido en la injusticia y la esclavitud, para alcanzar otro de justicia y libertad? Adamski nos cuenta acerca de Venus: "El suyo es un planeta gobernado por un cuerpo de representantes elegidos por

cada distrito y en cada tramo de la vida. Este cuerpo de gober-
nantes considera imparcialmente las necesidades de la gente, y
los problemas son solucionados para el bienestar de todos. Según
lo que entiendo hay poca necesidad de un control legislativo ya
que el reconocimiento que obtienen así como la adecuada
recompensa por el trabajo bien hecho, elimina completamente
las tentaciones que nos presenta un sistema monetario como el
nuestro."[40] Agrega: "rige la igualdad en todos los aspectos,
incluyendo la asignación de productos."[41]

En octubre de 1957, en respuesta a cuáles eran los modos de
intercambio con los otros planetas George Adamski escribió: "Se
intercambian bienes y productos sin intervención del dinero.
Todo lo que se produce es para el beneficio de todos, recibiendo
cada uno lo que precisa. Al no intervenir el factor dinero, no hay
"ricos" ni "pobres". Todos comparten por igual trabajando por el
bienestar del conjunto."[42]

Stefan Denaerde cuenta también respecto de "Iarga": "No se
paga ninguna cosa, sólo se registra. Lo que un consumidor emplea
se registra en el centro de computación de cada una de las casas
cilíndricas, y no podrá exceder la cantidad a la que tiene derecho.
Estas computadoras funcionan en red con las de los grandes
centros de productos en oferta. Nada se compra. Los bienes de
mayor envergadura son contratados, tales como las casas, los
coches, las embarcaciones. Ellos llaman a esto 'derecho de
adquisición". Los bienes de menor valor no se contratan porque
no sería eficiente. El registro es por la totalidad y el derecho es de
por vida. Es igual que si uno comprase, sólo que al morir los bienes
retornan al 'mercado'." Para el caso del consumo diario y los
servicios públicos "se registra el valor total al punto de que se
adquiere el derecho (…) Es prácticamente lo mismo que una
cuenta bancaria, sólo que ellos controlan el desembolso, en tanto
que nosotros controlamos el ingreso".[43]

Benjamin Creme anticipó un sistema avanzado de trueque

como el modo probable de distribución de los recursos cuando se liquide el actual sistema económico. Y resulta reconfortante encontrar tantas similitudes con los sistemas de los mundos de los visitantes del espacio.

Así como se le pidió a Stefan Denaerde que dejase en libertad a la gente en el sentido de creer o no creer en ella (ver página 7), también a Adamski se le solicitó que simplemente compartiese la información, sin intentar convencer a nadie –cosa que podría haber hecho según lo que le contase a Desmond Leslie uno de sus socios más íntimos.[44] De un modo parecido fue que se le pidió a Enrique Barrios que escribiese sobre su experiencia de 1985 al modo de un cuento infantil. En su libro *Ami, el Niño de las Estrellas*, construye un intercambio vivificante entre sus protagonistas: Ami, el visitante del espacio y Pedro, el niño de la Tierra al que contacta, para presentar a sus lectores una vasta información sobre la vida en otros planetas. A través de una serie de diálogos no exentos de humor, aclara mucho en relación a cómo la noción de propiedad y la consecuente necesidad de ganar dinero, monopoliza nuestro pensamiento. Barrios le da el nombre de "Ophir" al planeta de Ami, que alude a connotaciones bíblicas relativas a la riqueza: "Aquí todo le pertenece a todos..."[45] le explica Ami a Pedro, en tanto que en la Tierra el 'progreso' se vincula a la cantidad de dinero o bienes acumulados.

Ami: "Aquí no existe el dinero..."

Pedro: "Y entonces ¿cómo compran?

Ami: "Nadie compra. El que necesita algo, va y lo toma..."

Pedro: "¿Cualquier cosa?"

Ami: "Lo que precise"

Pedro: "¿Pero *cualquier* cosa?"

Ami: "Si lo precisa, y existe ¿por qué no? (...) todo lo pertenece a todos, a quien sea lo que precise, mientras lo esté usando."[46]

Cuando los dos amigos vuelven a la Tierra y observan unas naves sobre la nectarina existente de una arboleda en la aldea de

Pedro, Ami dice "Suelen aparecer naves sobre la nectarina de las arboledas de la Tierra"; entonces Pedro pregunta: "¿Roban ustedes?"

Ami: "Robar... ¿qué es robar?"

Pedro: "Tomar lo que le pertenece a otro."

Ami: "Ah, *propiedad* de nuevo. Imagino que simplemente no podemos resistir las 'malas costumbres' de nuestros planetas" concluyó riendo. Ante eso indicó que la gente de la Tierra "no puede dar nada sin recibir algo a cambio" cosa que lleva a Pedro a reflexionar que "Ami siempre tenía una especial manera de decir las cosas más duras siempre con una sonrisa." Luego, Pedro muestra su preocupación en el caso de que un camión viniese a llevarse toda su fruta. Ami le explica: "En una sociedad civilizada nadie 'se aprovecha de nadie'. ¿Qué podría un hombre hacer con todo un camión lleno de fruta?" Pedro responde: "Venderla, por supuesto..." recordando así al lector –así como a Pedro– qué condicionados estamos para pensar en términos de valor monetario cuando tan solo un segundo atrás se dijo que en esos planetas el dinero no existe. Y por lo tanto en un mundo civilizado nadie especula.[47]

Stefan Denaerde llega a la conclusión de que para que una sociedad sea estable: "Hay dos opciones: que todos tengan lo mismo, o que ninguno tenga nada. La segunda es la más eficaz"[48] El rendimiento de este tipo de justicia es la de "un plan económico que libere al ser humano de la tiranía de tener que estar pensando en las cosas materiales que abastecen sus necesidades en el día a día. En otras palabras, si todos tienen todo a su disposición, entonces la adquisición de los bienes materiales pierde importancia. Esto sólo se logra cuando se le proporciona a cada uno lo que cada uno precisa, de otro modo la envidia seguiría existiendo y en consecuencia la cultura resulta menos estable."[49]

En su viaje a Venus Howard Menger halló que allí: "No existe el trabajo como nosotros lo conocemos. Tienen aparatos y una mecanización avanzada que hace todo el trabajo rápido y bien. Los servicios se ofrecen voluntariamente y con amor. Todos los productos se comparten."[50] "Hay sitios en los que se realiza el trabajo, también donde se construyen las naves, pero son edificios hermosos que en nada se parecen a nuestras fábricas. No reciben ninguna paga en forma de moneda. Todos intercambian sus talentos, sus capacidades y deseos y no hay persona que sufra de alguna necesidad. Trabajan al servicio del Padre Infinito."[51] "El sistema económico universal –nos dice Stefan Denaerde– que rige para muchas razas inteligentes, no incluye elementos tales como el dinero, la propiedad o el salario. La meta de este sistema es liberar a la gente de las ataduras y la motivación ligados a lo material..."[52]

De todos modos no se considera que esto sea posible en los primeros momentos de la transición hacia un sistema basado en la justicia. Los contactos de Denaerde nos ofrecen una serie de consejos para facilitar el paso de esa transición: "La meta del sistema económico universal es, obviamente, la igualación de los beneficios, pero eso no es posible en los primeros estadios. Allí todavía habrán de precisar una retribución material como estímulo del esfuerzo. Del mismo modo, se habrá de recompensar a los jóvenes para que completen sus estudios. Es necesario para que alcancen un desarrollo tecnológico suficiente, o para alentar a la gente a trabajar más o aceptar mayores responsabilidades."[53]

Una forma en la que se manifiesta claramente cuánto nos aventajan los visitantes del espacio en cuanto a normas sociales, es la perspectiva que sostienen respecto de los derechos de las mujeres: "Deberán empezar por establecer un mínimo social de lo que cada uno reciba sea viejo o sea joven de modo que todos se sientan seguros. Las mujeres tienen derecho a su beneficio del mismo modo que el resto. El mínimo social tienen que verse libre de cualquier forma de discriminación. También deberán determinar cuál ha de ser el máximo así como el beneficio combinado de una pareja que nunca podrá ser mayor que cuatro veces el mínimo establecido."[54] "Las tareas rutinarias han de ser compartidas en forma igualitaria."[55]

"Los hombres y las mujeres son iguales en Iarga, pero cumplen diferentes mandatos. Las mujeres tienen la posición dominante porque sobre ellas recae el desarrollo mental de los jóvenes, no son objetos sexuales. El tema del sexo que aquí en la Tierra se considera prohibido y por consiguiente posee un interés nocivo, entre nosotros no tiene un efecto adverso alguno. Consideramos denigrante cualquier relación sostenida exclusivamente en el sexo. Nuestras mujeres preferirían morir al punto antes que ser empleadas como una suerte de [ejercicio] físico. Son muy exigentes al momento de elegir compañero. Reclaman ternura y respeto sobre su persona, por su nivel intelectual. Todo se encamina hacia una expresión creativa y el acto sexual juega un rol menor en ello."[56]

Recordemos que esto fue dicho alrededor de 1965 y todavía en el año 2015 las mujeres de muchas naciones ricas todavía no están siendo remuneradas al mismo nivel que los hombres por la misma tarea, y el debate sobre un mínimo básico universal está recién en sus comienzos en algunas partes del mundo.

La única salida para nuestros problemas en la Tierra, como lo indican estas descripciones, es el reconocimiento de nuestra interdependencia recíproca y la necesidad de políticas inter-nacionales que aseguren que las necesidades básicas de cada ser humano sean satisfechas. Mientras que la gente de la Tierra vive atrapada en un sistema distorsionado que la somete a ser siervos de una economía en la que las medidas de austeridad cortan los servicios sociales y son justificadas por los políticos del sistema como "necesarias para estimular la economía", el sistema económico de Iarga, estrictamente regulado sirve, por el contrario, a los intereses de la gente y le ayuda a Denaerde a observar de qué modo un sistema que se sustenta básicamente en la justicia logra con ello el florecimiento de las libertades. "...la maravillosa perfección de este extraño mundo; un mundo que sostiene una enorme población a través de una eficacia óptima; un mundo sin discriminación, sin olores, escapes de gas, problemas de tránsito ni ruido."[57]

Si de verdad nos preocupa el bienestar humano, no es difícil ver que resolviendo los problemas del hambre y la pobreza y las dificultades conexas de la escasez de materia prima, la degradación del medio ambiente y el cambio climático, no es una cuestión de incrementar la producción de alimentos, medicamentos, etcétera, sino una mera cuestión de *compartir*, de una redistribución igualitaria en todo el mundo. Para enfrentar temas globales, es esencial que tomemos una perspectiva global.

Stefan Denaerde pudo observar cómo se organiza todo esto en 'Iarga' en forma detallada: "La producción total de bienes y servicios está en manos de un pequeño número de inmensas compañías, las 'empresas' [en el sentido original del término, N.T.] Estas inmensas organizaciones tienen millones de empleados activos en todo el planeta. Hay empresas primarias, que son las que realizan la distribución directa al consumidor, y los empresas secundarias que abastecen a las primarias."[58]

"Todos los bienes son propiedad de las empresas que los abastecen. O sea que la empresa en cuestión es responsable no sólo del mantenimiento, la reparación y la garantía de un cierto mínimo de vida útil, sino que además sobre ella recae todo riesgo de pérdida o destrucción. De este modo los artículos son fabricados con un nivel de calidad tal que no precisan reparación jamás; las reparaciones no sólo resultan caras sino además, terriblemente ineficaces."[59]

Por lo general "estas empresas trabajan a un precio de costo básico. Ellos no hablan de 'ganancia' sino de 'costo de extensión'. Cada empresa estaba ocupada (durante la visita de Denaerde) en mejorar y expandir su producción. Su economía era firme como una roca."[60] También hay algunos artículos escasos, presumiblemente objetos de lujo que representan un beneficio muy superior al precio de costo: "Las empresas emplean este beneficio extra para subsidiar otros artículos en el esquema de producción. Una planificación cuidadosa influye en la ley de demanda y producción."[61]

"El sistema operaba con ramas y divisiones bien separadas geográficamente, unas de otras, para permitir su producción automática. Al frente de cada organismo empresario había un presidente que era miembro del grupo de producción del gobierno mundial. (…) Su precio de costo era calculado en base a la hora estándar de trabajo, el *ura*".[62]

"Los presidentes de las dos empresas son parte del grupo de planificación del gobierno mundial. Este grupo intenta liderar la raza humana hacia la consecución de una cultura. Para empezar, deben prescindir de la ley de oferta y demanda y de ahí en adelante crear una situación de prosperidad libre de ataduras, de modo que nadie más resulte afligido por cuestiones materiales. En consecuencia, este grupo también estimula el desarrollo mental de la raza. Tomemos por ejemplo los autos y las casas. Ha de llegar el momento en que el nivel cultural haya alcanzado un punto donde dejen de funcionar como símbolos de estatus. ¿Cuáles son entonces las cosas que influyen en las decisiones del público? Dos, principalmente: el confort y el precio. El máximo confort a un precio mínimo sólo puede ser alcanzado con la automatización robótica. ¿Qué ocurre en consecuencia? Todos eligen la casa y el auto más eficaces y de este modo se establece la dirección del desarrollo."[63]

Cuando la ley de oferta y demanda se elimina se compite exclusivamente sobre la libre elección de los consumidores, y no se trata de influir en esa elección como hacemos nosotros a través de las publicidades."[64]

Stefan Denaerde agrega que en 'Iarga' hay además dos organizaciones mundiales de consumidores que son las que realizan "todo el trabajo de investigación de mercado. Estudian el valor de uso de todos los bienes y servicios y le informan al público de la forma más objetiva posible acerca de las variedades que se disponen. Son las organizaciones que estimulan a los 'consorcios' a producir aquellos bienes que se precisan. Estas empresas no tienen permitido hacer publicidad o ejercer ningún tipo de influencia en las decisiones de los consumidores, porque no podrían ser objetivas. De este modo, se elige con conciencia de la calidad de los artículos y con la posibilidad de probarlos antes. [Estas organizaciones] ponen atención sobre qué cosas son precisas para que el público pueda elegir, por ejemplo, entre distintos sets de televisión, y se aseguran que sean producidos."[65]

"Las cooperativas de consumidores añaden sus comentarios respecto del desempeño de los "consorcios" y así estimulan la diversidad y su disponibilidad. Una vez que se llegó a este nivel, ya no hay mucho más para decir, en un libro sobre economía. De lo único que se puede hablar es de cómo mejorar el sistema de eficacia del producto, lo que podría reducir la cantidad de trabajo servil."[66]

Como no existe la propiedad personal, el empleo de los recursos naturales es libre en principio. "Esto significa que el precio es calculado sobre el costo de ganar, procesar y distribuir."[67] Es preciso aclarar que "lo que convenientemente llamamos 'precio' es en realidad un modo de expresar el tiempo de producción que demandó la elaboración de determinado artículo, y es sólo empleado para determinar la distribución de la prosperidad del conjunto. Cuando ustedes preguntan si los precios son altos, están indicando en realidad si son accesibles para nosotros, si somos ricos o si somos pobres. En realidad preguntan por el nivel de producción por cabeza, que en comparación con los estándares de la Tierra, es muy alto. La respuesta sería entonces: todos somos ricos."[68]

O sea que en 'Iarga' no hay clases altas o clases bajas. "La única diferencia es entre el trabajo directivo y el trabajo ejecutivo. Cuando decimos que los períodos de trabajo son cortos estamos refiriéndonos a la producción no creativa y al trabajo de mantenimiento. Todo el mundo hace esto, incluso el presidente. La dirección es trabajo eminentemente creativo y lo hacemos en nuestro tiempo libre. (...) No establecemos diferencia entre posiciones altas o bajas. Elegimos quien nos dirija, gente que aparte de su trabajo esclavo [es decir el de todos los días], también tiene un interés en esta actividad como forma de expresar su creatividad, como un hobby. En este estadio, la creatividad ya no se considera como un trabajo porque es la meta de la humanidad."[69]

También a Enrique Barrios le llega la información de que en Ophir "no hay mucho trabajo para hacer, de ese que ustedes conocen como tal. Las computadoras realizan todas las tareas allí."[70] Cuando Pedro le pregunta a su amigo del espacio cuántas horas por día trabaja la gente de allí, Ami le explica: "Depende del tipo de trabajo. Si es agradable, se trabaja todo el día, como yo en estos momentos... pero eso es un gran privilegio." Pedro pregunta entonces: "¿Estás trabajando, ahora? ¿En qué? ... A mí me parece como si estuviésemos paseando por ahí..." "Soy algo así como un mensajero, o un profesor, es casi lo mismo." Le responde Ami.[71] En otra parte del mismo relato Ami dice que en su planeta la gente "vive, trabaja, estudia, se divierte, cumple un servicio, ayuda en lo que puede, pero como en nuestros mundos no hay muchas dificultades, ayudamos en los mundos menos civilizados..."[72] Porque como le dijera a Adamski su contacto Orthon, "el concepto de 'ser guardianes de nuestros hermanos' es aplicable a la humanidad dondequiera y donde fuese"[73] Lo cierto es que, como le dice el Maestro de Saturno: "... a través del servicio todas las formas maduran y se vuelven más comprensivas de la fuente de la cual reciben su sabiduría: la propia fuerza de vida por la cual existen."[74]

O sea que al parecer el servicio es lo que empuja la evolución hacia la 'súper-cultura' o esa 'civilización cósmica' de la que Denaerde habla tanto, y que falta en la forma en que nos vinculamos unos con otros aquí en la Tierra. Es un proceso de evolución en el que otros planetas han progresado más que nosotros. George Adamski lo explica: "Nuestros amigos del espacio han estado tratando de despertar nuestra conciencia respecto de lo mal encaminado que está nuestro pensamiento; ellos pueden entendernos ya que han pasado por ese proceso de disciplinar sus mentes, y ahora desvían su ego hacia el servicio. Se interesan en el logro, no para sí mismos, sino para el mejoramiento de todos."[75]

Dice el Maestro venusino: "En nuestro planeta así como en otros de nuestro sistema, la forma que ustedes llaman "hombre" se ha desarrollado intelectual y socialmente a través de varios estadios de desarrollo, a un punto tal que es inconcebible para la gente de la Tierra. Este desarrollo se alcanzó por la simple obediencia a las leyes que ustedes llaman 'de la naturaleza'. Para nosotros es crecer de acuerdo a las leyes de la Suprema Inteligencia que gobierna el tiempo y el espacio."[76]

A nosotros nos falta incluir este importante aspecto en nuestra comprensión de la Vida. Exploremos un poco más lo que nos cuentan los visitantes del espacio al respecto. El Maestro de Saturno, por ejemplo, explicó que "el hombre mismo logró para sí esa desolación de la que se queja tan amargamente. Todo por no servir como corresponde, como lo hacen las formas más modestas que lo rodean."[77] De todos modos, Firkon le aseguró a Adamski: "la meta que se perdió ayer, se puede alcanzar mañana. No significa que nosotros supongamos que ya hemos alcanzado el desarrollo superior. Lejos de ello, todavía tenemos la eternidad por delante. Pero en nuestros mundos ya no hay pobreza ni enfermedad ni delincuencia, del estilo que ustedes sufren."[78]

Curiosamente ocurrió que luego de haberse conectado con sus huéspedes al rescatar a uno de ellos, Stefan Denaerde se preguntó si no habría sido esa una "artimaña" para vincularse con él, llegando a dudar incluso de que su ayuda hubiese sido verdaderamente necesaria. La respuesta fue reveladora: "El valor de un acto generoso no puede ser influido en modo alguno por el pensamiento posterior de si no podría haber ocurrido de alguna otra manera."[79] Más aún, sus huéspedes le revelaron la importancia que esta cualidad [la de un acto desinteresado; N.T.] tiene para el progreso de la humanidad: "La generosidad torna inmortal a una raza inteligente"[80]

Dicho en las palabras del personaje de Enrique Barrios, Ami: "Si hay amor en tu corazón serás feliz de ayudar a otros, y de ese modo obtendrás el derecho a que otros te ayuden... podrás pedirle a tu vecino los granos que precises; al lechero su leche, al panadero su pan, y así sucesivamente. Y en vez de hacer todo ello en forma aislada, desorganizada, la sociedad se organiza a sí misma y establece sitios de distribución de productos. Incluso, si en vez de trabajar *vos mismo,* la tecnología lo hace por vos..." Entonces Pedro exclama: "¡Nadie *hará nada!*" Pero Ami le explica: "Siempre hay algo para hacer. ¿Qué mejor que el tiempo libre?"[81]

Buck Nelson, el contactado estadounidense escribió en 1956 que cuando empezó a percatarse de la relación entre los avances de una civilización que no precisa de una fuerza policial, celdas o edificios públicos de gobierno, como vio en Venus, "y el hecho de que las cosas eran fabricadas con el propósito de que durasen tanto como fuese posible; que las enfermedades fuesen prácticamente desconocidas entonces resultaba comprensible que se trabajase sólo entre una y tres horas, no más. Hasta el trabajo que denominamos de "ama de casa" me contó el hombre del espacio, no requiere más de esa cantidad de horas. Esto les deja un montón de tiempo libre para viajar y viajan mucho".[82]

Cuando Ami le cuenta a su amigo Pedro que en 'Ophir' la gente disfruta de la mayor libertad, Pedro le pregunta si no hay leyes. Ami le responde: "Sí que las hay, pero están basadas en la

Ley Fundamental del Universo, para el bien de toda la gente."[83]

A Stefan Denaerde le llevó un tiempo comprender el énfasis que sus huéspedes ponían en la necesidad de justicia: "Pese a que mi contacto con esta cultura distante, era reciente, comprendí que todos aquí compartían los mismos derechos. Vivían en las mismas casas, viajaban en los mismos vehículos, en los mismos trenes. No había pobres, tampoco había ricos. No había divisiones entre nacionalidades, colores ni razas."[84] Le explicaron que: "para alcanzar un alto nivel cultural se precisan tres cosas: libertad, justicia y eficacia. (…) Te asombra nuestra pericia, que para nosotros es la cosa más normal del mundo porque sin ella no existiríamos. Sin destreza, nuestro mundo colapsaría. Para aclarar este concepto es preciso que comprendas con qué cuidado hemos debido emplear cada uno de estos tres conceptos: libertad, justicia y eficiencia para alcanzar un nivel de civilización que pudiésemos llamar estable."[85]

Con sólo echar una mirada a las propuestas de la Comisión Brandt en su informe de 1980, podemos sacar conclusiones fidedignas de cuánta justicia se carece en la Tierra y qué poca eficacia tienen las medidas que se llevan a cabo. Las propuestas incluyen un programa de emergencia para asistir a los países al borde del desastre; absolución de deuda; acuerdos equitativos de negocios; estabilización de las monedas del mundo; reducción del negocio armamentista; responsabilidad global por el entorno; y grandes reparaciones del sistema económico global.

El contacto de Denaerde explica además: "Justicia es una condición para la eficacia de las medidas que se toman. Por ejemplo, si la calidad de la vivienda juega un rol en la demostración de la diferencia de estatus entre la gente, entonces la justicia yerra, y la eficiencia en un entorno semejante es imposible. Se precisa por lo tanto, otra forma de vida social."[86]

Con el propósito de garantizar el acceso a un futuro viable: "…en Iarga todos son responsables de los niños del grupo en el cual viven. La crianza de un niño para que logre alcanzar la edad adulta como un ser mentalmente estable y culto es una tarea difícil y complicada. Las escuelas son las encargadas de transmitir conocimientos pero los adultos tienen que ayudar al niño a transformar ese conocimiento en experiencia activa. La esfera del hogar juega un importante papel en el desarrollo de todo esto. Una raza que aspira a la nivelación de los ingresos debe prestar la mayor atención al desarrollo mental de la gente, ya que la elevación del salario mínimo deberá estar en equilibrio con este nivel. Las diferencias entre las personas sólo pueden ser superadas mediante la elevación del nivel mental mínimo."[87]

Denaerde explica: "Los instrumentos empleados para enseñar eran los mismo que usaron conmigo en la nave espacial: Una película con una explicación simple, la verdadera información era transmitida por irradiación (…) La escuela básica continuaba hasta que el joven alcanzaba la edad de quince o dieciséis años. Cuando pienso en la cantidad de información que me fue suministrada por esos medios en dos días, no puedo imaginar el nivel que esos niños habrán de haber alcanzado tras diez años de irradiación. Su escuela básica ha de estar por encima del nivel de nuestras universidades. Una vez que completan su instrucción básica, los jóvenes pasaban a las escuelas avanzadas, un cilindro normal en el cual todos los estudiantes convivían y donde podían especializarse en los temas elegidos."[88]

"Sólo cuando el hombre se libera de las influencias materiales puede ser capaz de criar niños que a través de su actitud mental generosa logren ser verdaderamente libres y felices. Deben enseñarles a amar y a involucrarse con el resto. Precisan aprender a expresar sus sentimientos. Par ello precisan elocuencia y ser capaces de poner en palabras sus sentimientos. De este modo se caracterizan por su honestidad, su espontaneidad y entusiasmo, su solidaridad y por sobre todo, su habilidad para elevar sus contactos amorosos desde lo físico a grandes alturas espirituales.

La intensidad con que buscamos aventuras es comparable a la profundidad de nuestros contactos humanos."[89]

"Si logras felicidad y satisfacción es que estás alcanzando la meta de tu creatividad junto a otros, y reforzando el sentimiento de autoestima."[90] "Todo el que logre alcanzar su objetivo con interés y creatividad, se siente feliz. ¿Qué más podría uno esperar de la vida que el logro en el amor y ser capaz de transmitir esto a los niños?"[91]

En este tema también se encuentran similitudes con lo descripto por otros contactos. A Enrique Barrios, por ejemplo, se le explica: "El propósito de la vida es ser feliz, disfrutarla, pero la mayor felicidad se obtiene en el servicio..."[92] En tanto que George Adamski nos cuenta: "La vida es más alegre [en otros planetas], debido a que todos trabajan y viven por el bien común."[93]

Agrega luego: "Cada persona nace para cumplir un propósito. En nuestro sistema actual, aun cuando nuestros deseos más profundos tiendan a otras metas, nuestra primera consideración es ganarse la vida para satisfacer nuestras necesidades diarias. Como nadie nace sin estas aspiraciones bien cimentadas si se le aliviasen las circunstancias en las que vive, rápidamente sería capaz de perseguirlas en forma natural, para el mejoramiento de sí mismo y de toda la humanidad.

"Me han comentado que los niveles de intelectualidad en nuestros planetas vecinos son similares a los de la Tierra. Están los trabajadores manuales, los científicos, los granjeros, etc. Todos son necesarios para una civilización bien equilibrada, de modo que son respetados por igual, ya que juegan sus roles esenciales en la resolución de los problemas del planeta. Su costumbre es la de trabajar sólo unas horas por semana, dedicando el resto a estudiar, al esparcimiento y a viajar. No viajan solo dentro de su propio mundo, sino que lo hacen en otros planetas de nuestro sistema y hasta en planetas que están aún más allá. (...) ¿Cómo aburrirse con una vida semejante? Semejante vida nos daría tiempo para el ocio en el que desarrollar nuestros talentos naturales ¿acaso no es eso mejor que sofocarlos? Recuerden, cuando hay interés siempre encontrarás el incentivo para buscar algo mejor. El aburrimiento del que sufren tantos terráqueos es la consecuencia de su inmadurez mental. Esta gente experimenta todo, sin importarles cuántas obligaciones tengan que cumplir."[94]

La noción de creatividad que tienen en Iarga parece confirmar esto: "La creatividad es un pensamiento que se ocupa permanentemente en modificar las circunstancias de la propia vida o la de algún otro."[95] Stefan Denaerde explica la importancia que la gente de Iarga otorga a la creatividad, a la que consideran que es el propósito de toda existencia. Así, todos sus esfuerzos fueron dirigidos en primer lugar hacia la liberación de todo trabajo mecánico, creando un sistema de producción totalmente automático. Luego, buscaron reducir el consumo de bienes y servicios apelando a la autodisciplina de modo de alcanzar una reducción en la producción o un aumento en la población. De este modo llegaron a reducir el trabajo en el proceso de producción directo a un día a la semana. La restricción voluntaria del consumo y la nivelación del trabajo no creativo llevó automáticamente a la paridad en los ingresos. Cuando la gente desiste de consumir sus necesidades disminuyen.

"Así se llega al gran momento en el desarrollo de la raza de Iarga: se suspende el control en el consumo. A partir de cierta edad se dispone libremente de todos los bienes y servicios. La auto disciplina individual alcanza la mayoría de edad, se ha logrado vencer la avidez por lo material. La gente de Iarga considera esta circunstancia como la bisagra hacia la supercultura. El libre acceso a toda esta prosperidad, torna imposible que el individuo sienta que le falta algo en comparación con los demás."[96]

No obstante, aun cuando se haya alcanzado ese estadío, "la monotonía no se experimenta jamás. Cada momento que pasa, es un momento de alegría. No importa qué trabajo tengamos que hacer. Si lo que ustedes denominan trabajo, precisa ser llevado a cabo, lo hacemos con alegría y amor – le dijo a Adamski el Maestro de Venus. En nuestro planeta, cada día trae su cuota de cosas para hacer, igual que en el vuestro."[97]

El Instructor del Mundo, Maitreya, también confirmó en uno de sus primeros mensajes a través de Benjamin Creme, que la vida en armonía no implica vivir en una tediosa rutina. Todo lo contrario: "Permíteme que te muestre el camino hacia delante, esa vida más sencilla en la que ningún ser sufre necesidades, en la que ningún día es igual al otro, ese día en el que la felicidad de la Hermandad se manifiesta a través de todos los hombres."[98]

Desde que –tras la Segunda Guerra Mundial– nuestros gobiernos, nuestros científicos y militares despilfarraran el ahorro público, el tiempo, la energía y los talentos para diseñar instrumentos bélicos más refinados y destructivos, permitiendo que una miseria innombrable persistiese exacerbando a millones de seres humanos en la Tierra, la gente del espacio ha persistido en compartir –en la forma inadvertida acorde a su estilo– ideas cruciales para la solución de nuestros problemas. Podríamos suponer que lo hicieron además, en sus intercambios con los altos niveles dirigenciales, pero las historias de muchas personas 'comunes' (como lo hemos testificado aquí) no dejan lugar a dudas sobre qué es lo que hay que hacer en un mundo donde la libertad y la justicia son patrimonio de unos pocos que acaparan riqueza monetaria para asegurársela. Lo que hay que hacer es: reemplazar la avidez y la competitividad por la cooperación y el compartir; abolir toda forma de discriminación y establecer el dominio de correctas relaciones sociales. Estas son las llaves para la consecución de la libertad y la justicia para todos. Las únicas que pueden garantizar una paz duradera.

Lamentablemente, la grosera inequidad reinante deja a mucha gente fuera del sistema, impotentes y con frecuencia, amargamente descreídos de un futuro mejor. Es más fácil para ellos declinar toda expectativa respecto de la posibilidad de un mundo armonioso en el cual reine el libre albedrío, el derecho y la equidad. Prefieren considerar que todas esas cosas no son más que sueños "hippie", utopías irrealizables. Sin embargo, ocurre lo que le dijeran a Enrique Barrios: "Están llegando a un punto decisivo en vuestra evolución. Este es el tiempo en el que o bien se unen para alumbrar la 'Era de Acuario', o se autodestruyen."[99]

Wilbert Smith piensa que: "hemos llegado a aquél punto de nuestro desarrollo en el que debemos decidir por el bien o por el mal. Gente de otras esferas se aflige con nosotros por el rumbo que habremos de tomar. En parte porque nuestras decisiones repercuten en sus mundos, pero también porque son nuestros hermanos de sangre y nuestro bienestar les preocupa sinceramente."[100]

Cuando nuestros sistemas se estrellan, nuestras estructuras se resquebrajan. Es el tiempo para decidir, ¿habremos de elegir el regreso a esa falsa autonomía del 'libre mercado', la ilusión de libertad creada por el despilfarro de los recursos, los talentos, el tiempo y la energía? ¿O tendremos la lucidez y el coraje de elegir la verdadera libertad, que procede de la liberación de todo temor, toda necesidad, y la libertad de pensamiento?

Anexo al capítulo 3:
¿Iarga, Ophir y Clarion? ¿O Marte, Venus y Saturno?

Como lo señala mi anterior investigación, la presencia extraterrestre en nuestro planeta se origina en el interior de nuestro sistema solar (ver páginas 85-86). Se hallará un argumento más elaborado en los capítulos 5 y 6 de *Aquí para ayudar: OVNIs y los Hermanos del Espacio*. Esta noción encuentra su base en las declaraciones de los primeros contactos de los EE UU (Adamski, Nelson, Menger) y también en otros sitios como Kraspedon, Smith, Ghibaudi además de ser corroborado por la información procedente de los Maestros de la humanidad – las enseñanzas de la Sabiduría Eterna. El ridículo y la difamación que cayó sobre estos contactados explican suficientemente por qué otros, como por ejemplo Bethurum, Angelucci, Meier, Denaerde, dicen que sus contactos proceden de otras galaxias o sistemas solares. Este es el motivo por el cual el nombre empleado para designar sus planetas han sido puestos entre comillas a lo largo de este libro.

Dada la urgencia de la información compilada en este volumen, detallando su origen, bien podría no ser lo más importante que podamos hacer con ella. Sin embargo, es posible que nuestra percepción del sistema solar se vea enriquecida y ampliada si somos capaces de identificar algunos de los planetas acerca de los cuales han escrito los contactados. Podríamos hacerlo mediante la comparación de las descripciones –en muchas ocasiones muy detalladas– que nos han sido dadas junto a la información adscripta a nuestras fuentes de los planetas de nuestro sistema.

Muchos de los contactados han compartido detalles sobre sus contactos que parecieran ser confirmados por otros. Truman Bethurum, por ejemplo, le preguntó a su contacto, el capitán de un platillo con quien se encontró en siete u ocho ocasiones "si era posible que aquí en la Tierra nosotros tuviésemos conocimiento de su planeta [Clarion] por otro nombre como Marte o Júpiter tal vez... Ella sonrió y me aseguró que no era ese el caso..."[101] Pero en un encuentro posterior le dijo: "Ciertamente nosotros tenemos nuestros nombres para las cosas, igual que en la Tierra, y es posible que ellos y nosotros nombremos en forma diferente a los planetas y otras cosas que tengamos en común...".[102] Resulta interesante notar respecto de los contactos de Bethurum que el Maestro de Benjamin Creme revelase que eran originarios de Saturno.[103]

Dino Kraspedon quien al igual que Truman Bethurum, fue invitado a abordar un platillo en tierra, cuenta que el capitán de uno de los platillos a los que avistara por primera vez en noviembre de 1952, dijo que venía de "uno de los satélites de Júpiter"[104] y Benjamin Creme dijo que los habitantes de Júpiter "viven en las diferentes lunas que orbitan el planeta."[105]

Cuando Kraspedon manifestó su asombro ante la pequeña estatura del visitante, éste le dijo: "No somos todos diminutos. En el mismo satélite tenemos hombres que son grandes y otros pequeños, unos blancos, otros negros u oscuros. Los terráqueos son generalmente altos, pero también existen los pigmeos y personas de estatura media, y los blancos, rojos, los oscuros y los negros. La Naturaleza revela su unidad en la diversidad."[106] En un comentario editorial del libro *Estrella Azul,* de Miriam Delicado, canadiense contactada, el Maestro de Benjamin Creme dijo que los seres altos que ella conocía venían de Júpiter. Creme nos ha facilitado descripciones someras pero esclarecedoras de algunos de los otros planetas de los que según dijera, proceden los OVNIs que nos visitan. [107]

Respecto de la gente de Venus a Dino Kraspedon se le informó que alcanzan una estatura de un metro con ochenta centímetros (seis pies). "Pertenecen a distintas razas, predominantemente de piel clara. Sus cuerpos están bien conformados pero son los que más se asemejan a los terráqueos tanto en aspecto como en espíritu. Son enérgicos, conversadores, bondadosos y por sobre todo de mente espiritual."[108] Las descripciones que tanto George Adamski y Howard Menger hicieran de los venusinos son muy similares y corroboran las afirmaciones de Creme respecto de que son "increíblemente" avanzados.

En una serie de preguntas y respuestas el contacto de Dino Kraspedon le contó que "la vida en Plutón es muy similar a la de la Tierra. La gente es idéntica en casi todo. Pero a pesar de su gran inteligencia se inclinan al mal y niegan a Dios. Permiten que sus instintos más básicos los gobierne. Aprendieron a viajar por el espacio ya hace tiempo. No van a la guerra entre ellos – la guerra ¡Oh dioses! Sólo existe en la Tierra. Pero son seres peligrosos y todas las ocasiones en que se relata el hecho de platillos dañando a la gente de la Tierra, les puede ser atribuida a ellos."[109] En respuesta a una pregunta sobre los seres de Plutón, Benjamin Creme declaró que son de esos seres "que ¡uno no desea encontrarse por las noches!"[110]

La Sabiduría Eterna sostiene que cada planeta atraviesa siete rondas o "encarnaciones" de millones de años cada una. Benjamin Creme dijo que Marte estaba en un estadio similar de evolución al nuestro, en tanto que Venus, ya en su última ronda, es casi perfecto. Sin embargo —dijo Creme— "Marte no ha cometido la cantidad de errores que nosotros cometimos. Por eso nos aventajan tanto en tecnología... Son los creadores de la mayoría de las naves que vemos y denominamos OVNIs, desde las pequeñas naves exploradoras hasta las gigantescas naves nodrizas. Incluso algunas de las naves empleadas por los venusinos son de manufactura marciana realizadas según las especificaciones de Venus."[111] En muchas ocasiones Creme afirmó que Marte era la fábrica de naves espaciales de nuestro sistema solar. Fabrica alrededor del 90% de las mismas."[112] El Maestro de Benjamin Creme afirmó además que "los marcianos son los mayores ingenieros del espacio"[113] En concordancia con estas afirmaciones, a Truman Bethurum se le dijo que "Marte era un gran planeta productor."[114] También Adamski dijo: "Marte, según tengo entendido, está muy desarrollado tanto en ciencia como en industria."[115]

Cuando leemos el relato que Stefan Denaerde hiciese sobre lo que se le mostró de 'larga' es lógico que pensemos que está hablando de Marte: "Me mostraron dos de sus complejos fabriles totalmente automatizados, uno que producía autos y otro que producía rieles para puentes transoceánicos (...) Pero le ahorraré los detalles. La necesidad de hablar permanentemente con superlativos resulta enojoso... el modo en que los larganos desarrollan y construyen semejantes monstruos mecánicos es un misterio para mí. Creyeron que era deseable también mostrarme la producción robótica de casas... Les agradecí buenamente el ofrecimiento, pero ya había visto suficiente automatización..."[116]

Stefan Denaerde ubica 'larga' en otro sistema solar, "a no mucho más de diez años luz de nosotros."[117] Se sorprende de su enorme población, que en algún momento especifica que es de trescientos mil millones"[118] pero no podemos excluir la posibilidad de que en algunos casos se le obliga a los huéspedes a incluir "algunas inexactitudes" (ver página 7). Nos topamos con otras asombrosas correspondencias al leer lo que Benjamin Creme cuenta de la densidad poblacional de Marte: "...hay más marcianos en Marte que gente en la Tierra. Marte es un planeta más chico que la Tierra. Aquí tenemos unos 6.7 billones en la Tierra [en nuestra numeración 6.700 millonesen el momento, N.T.] Marte es más pequeño que la Tierra, pero los marcianos son más pequeños."[119]

Stefan Denaerde cuenta acerca de sus anfitriones de 'larga': "...mientras están en actividad sus movimientos son sumamente veloces, y su fuerza es extraordinaria. Eran como volcanes. Tras un período de descanso, eclosionarían nuevamente en una onda de energía temperamental que muchos españoles envidiarían."[120] Agrega más adelante: "Su comportamiento social era realmente llamativo. Nunca vi a un hombre en la vecindad de una mujer, que no pusiera por lo menos uno de sus brazos alrededor de ella. Un gran abrazo es su forma normal de saludarse entre sí, y ocurría igual con los chicos."[121] Y Dino Kraspedon comenta: "En Marte hay dos razas raíces: una blanca, la otra oscura. Los blancos son dóciles y calmos. La raza oscura se compone de gente de corta estatura y de un temperamento muy vivaz."[122]

Según Benjamin Creme, Marte no tiene el mismo status evolutivo que Venus y tiene tres niveles o zonas: A, B y C. En la zona A, la más elevada, "la gente es como dioses, seres perfectos" comparables, podríamos suponer, a los Hermanos Mayores de la humanidad, los Maestros de Sabiduría. En la zona B "hay gente muy evolucionada pero no perfeccionada todavía. En el estrato inferior el C, la gente no está muy evolucionada."[123] También afirmó que hace tres millones de años desde que la vida en Marte se manifestó en el plano físico denso del planeta, significando con ello que han estado en plano físico etérico desde entonces.[124]

Curiosamente, Stefan Denaerde describe respecto de la evolución más oscura de la vida en 'larga' que apunta a esa segregación en relación a líneas evolutivas: "A diferencia de la Tierra, en larga han tenido un Dios manifiesto que llevó a cabo la selección de la reencarnación *durante* el ciclo de vida de nuestra raza. Continuamente escogía a los egoístas y así mejoraba la polarización mental de la generación viviente. Los codiciosos fueron ubicados en una existencia diferente, donde siguieron su propio desarrollo. (...) Fueron el último grupo viviente que crearon un sufrimiento indescriptible en la otra existencia..."[125] La traducción de 1982 agrega: "En la Tierra la maleza crece junto al maíz hasta la siega, y es entonces que se procede a la selección. Es por esto que la humanidad no puede mejorar su mentalidad. A ustedes se les complica por la existencia del elemento demoníaco del dualismo humano y ahí no hay escapatoria. En larga por otro lado, la maleza es extirpada permanentemente lo que neutraliza al elemento demoníaco. (...) Debido a las condiciones planetarias, un ser humano es voluntarioso y desobediente. No obedece a Dios, ni a los mandamientos, ni a su consciencia. Hasta pretende no tenerla. Siempre sabe más y mejor. (...) Una gran dosis de generosidad sólo puede existir en un entorno protegido del mal."[126]

Algunas de las descripciones dadas muestran asombrosas similitudes entre sí, particularmente las que hace Denaerde sobre 'larga' y otras sobre Marte. Claro que las que reproducen los contactados están coloreadas por su propio contexto, sus condiciones subjetivas y su disposición. Para equilibrarlo sería útil sin duda comparar la cualidad y lo que se 'percibe' de esas comunicaciones, en contraste con la de otras fuentes.

Por ejemplo, si 'larga' es Marte, ¿cómo compararemos el 'color' y el 'tono' de sus comunicaciones con los contactos de Venus y de Marte con la que Denaerde comunica respecto de sus contactos? Una pista para la indagación nos la podría dar las siguientes tres citas. Todas ellas refieren al mismo tema sobre el deseo, común a toda la naturaleza humana, de un mayor bienestar. A su vez proceden de tres fuentes diferentes:

1. "Es inherente a la humanidad entera el anhelo por elevarse hacia algo mejor, independientemente de cuán enterrado pueda estar

este anhelo. Vuestro sistema escolar en la Tierra, de alguna manera, está pautado en relación a la búsqueda de un progreso en la vida, ya que se va escalando de grado a grado y de escuela a escuela, hacia una educación más alta y completa. Del mismo modo procede el progreso de planeta a planeta, y de un sistema a otro sistema hacia una comprensión cada vez mayor y el crecimiento hacia la evolución y el servicio."[127]

2. "Las gentes de la Tierra han devenido entidades separadas que no son más verdaderamente humanas en su expresión como sí lo fueran en un principio. Ahora son esclavos del hábito. De todos modos, aprisionado entre estos hábitos sobrevive el alma original que pugna por expresarse según la herencia Divina. (...) Esta es la razón por la cual el deseo de una expresión más fina y mejor bulle en las profundidades de su ser con más frecuencia de lo que son capaces de percatarse. Este revuelo interior afloja los lazos del hábito dejando a la persona inquieta y preocupada."[128]

3. "La individualidad se expresa a sí misma en lo egocéntrico, en la codicia y en la avaricia. En el continuo esmero por una meta material se experimenta una medida de satisfacción pero la meta no se alcanza nunca. La satisfacción demuestra ser relativa y de corta duración, un mero objeto de comparación con lo que otros tienen. Así se prosigue hacia la meta siguiente, generalmente un ingreso mayor o una mejor posición social, y la búsqueda prosigue porque la satisfacción reside meramente en la búsqueda."[129]

La primera cita corresponde a George Adamski. De su libro *Dentro de los Platillos Voladores* en el que cita al Maestro de Venus. De este planeta, dice Benjamin Creme, que es uno de los más avanzados en el sistema solar. La segunda es del mismo libro, pero de Firkon, el contacto marciano de Adamski, en tanto que la terca cita es de los contactos de Denaerde procedentes de 'larga'. Basado en las descripciones que Benjamin hace de Marte, esto permite señalar la posibilidad que el contacto marciano de Adamski procedía de la zona A en tanto que el de Denaerde procedería de la zona B. A estas alturas el lector no debiera sorprenderse de que Benjamin Creme confirmase esta última suposición.[130]

Claramente, como ocurre con todo el tema de los OVNIs, no se puede alcanzar una prueba concluyente hasta que los contactos sean abiertos, o cuando hayamos desarrollado una percepción etérica. Sin embargo, como se lo muestra aquí, se pueden obtener interesantes inferencias de la comparación y la síntesis de la información procedente de fuentes diversas. (Ver también el Apéndice I.)

Notas

1 Benjamin Creme (1994), *La Reaparición del Cristo y los Maestros de Sabiduría*, edición inglés (1979) p.206
2 Alberto Perego (1963), *L'aviazione di altri pianeti opera tra noi: rapporto agli italiani: 1943-1963*, p.534
3 Creme (2010), *La Agrupación de las Fuerzas de la Luz: Ovnis y Su Misión Espiritual*, edición inglés p.29
4 Ibidem, p.24
5 George Adamski (1984), *Dentro de los Platillos Voladores*, edición inglés (1955) p.165
6 Buck Nelson (1956), *My Trip to Mars, the Moon and Venus*, p.8
7 Truman Bethurum (1954), *Aboard a Flying Saucer*, p.85
8 Howard Menger (1959), *From Outer Space to You*, p.100
9 Ibid., p.163
10 Adamski (1957-58), *Cosmic Science for the Promotion of Cosmic Principles and Truth – Questions and Answers*, Series No. 1, Part No.5, Pregunta #100
11 Adamski (1984), op cit, p.235-36
12 Ibid., p.66-67
13 Stefan Denaerde (1977), *Operation Survival Earth*, p.30
14 Adamski (1957-58), op cit, Part No.5, Pregunta #100
15 Nelson (1956), op cit, p.5-6
16 Ibid., p.16
17 Menger (1959), op cit, p.163
18 Bethurum (1954), op cit, p.58
19 Ibid., p.72
20 Ibid., p.137
21 Nelson (1956), op cit, p.13
22 Menger (1959), op cit, p.58
23 Alice A. Bailey (2001), *La Curación Esotérica (Tratado sobre los Siete Rayos, IV)*, edición inglés pp.549-50
24 Denaerde (1982), *Contact from Planet Iarga*, p.91

25 Ibid., p.65
26 Adamski (1957-58), op cit, Part No.1, Pregunta #10
27 Ibid., Pregunta #9
28 Nelson (1956), op cit, p.11
29 Enrique Barrios (1986), *Ami, el Niño de las Estrellas*, edición inglés (1989) p.12
30 Adamski (1984), op cit, p.94
31 Ibid., p.138
32 Denaerde (1977), op cit, p.59-60
33 Ibid., p.45
34 Daniel Fry (1954a), *[A Report By Alan] To Men of Earth*, en: Fry (1966), *The White Sands Incident* p.87
35 Ibid., pp.91-92
36 Willy Brandt (ed.; 1981), *Dialogo Norte-Sur: El informe Brandt*, edición inglés (1980) p.13
37 El Maestro de Benjamin Creme (1989), 'La reorganización de prioridades'. Revista *Share Internacional*, edición inglés enero/febrero, p.3
38 Declaración Universal de Derechos Humanos'. Disponible en: <www.ohchr.org/EN/UDHR/Pages/Language.aspx?LangID=spn>
39 Creme (2002), *El Gran Acercamiento*, edición inglés p.20
40 Adamski (1957-58), op cit, Part No.1, Pregunta #19
41 Adamski (1984), op cit, p.67
42 Adamski (1957-58), op cit, Part No.1, Pregunta #18
43 Denaerde (1977), op cit, p.43
44 Desmond Leslie y George Adamski (1955), *Atterizaje de Platillos Voladores*, edición inglés revisada y ampliada (1970), p.242
45 Barrios (1989), op cit, p.76
46 Ibid., p.77
47 Ibid., pp.91-92
48 Denaerde (1977), op cit, p.41
49 Ibid.
50 Menger (1959), p.165
51 Ibid., p.163
52 Denaerde (1982), op cit, p.64
53 Denaerde (1977), op cit, p.49
54 Ibid., p.49
55 Ibid., p.58
56 Ibid., p.63
57 Ibid., p.38
58 Ibid., p.43
59 Ibid., pp.43-44
60 Ibid., p.44

61 Ibid., p.47
62 Ibid., pp.46-47
63 Ibid., p.48
64 Ibid.
65 Ibid.
66 Denaerde (1982), op cit, p.65
67 Denaerde (1977), op cit, p.47
68 Denaerde (1982), op cit, p.64
69 Denaerde (1977), op cit, p.52
70 Barrios (1986), op cit, p.90
71 Ibid., p.93
72 Ibid., p.75
73 Adamski (1984), op cit, p.241
74 Ibid., p.166
75 Adamski (1964), 'The Space People', en: Gerard Aartsen (2010), *George Adamski – A Herald for the Space Brothers*, p.113
76 Adamski (1984), op cit, p.86
77 Ibid., p.168
78 Ibid., p.184
79 Denaerde (1977), op cit, p.24
80 Ibid., p.39
81 Barrios (1986), op cit, p.92
82 Nelson (1956), op cit pp.10-11
83 Barrios (1986), op cit, p.79
84 Denaerde (1977), op cit, p.38
85 Ibid., p.32
86 Ibid., p.24
87 Ibid., p.58
88 Ibid., pp.54-55
89 Ibid., p.62
90 Ibid., p.92
91 Ibid., p.58
92 Barrios (1986), p.39
93 Adamski (1957-58), op cit, Part No.1, Pregunta #11
94 Ibid., Part No. 2, Pregunta #45
95 Denaerde (1977), op cit, p.61
96 Denaerde (1982), op cit, p.92
97 Adamski (1984), op cit, pp.204-05
98 Maitreya, en Creme (ed., 1994), *Mensajes de Maitreya el Cristo*, Mensaje No. 3, septiembre de 1977
99 Barrios (1986), op cit, p.99
100 Wilbert Smith (1969), *The Boys From Topside*, op cit, p.29

Iarga, Ophir y Clarion

101 Bethurum (1954), op cit, p.83
102 Ibid., p.103
103 Creme (ed., 2014), respuestas a preguntas, revista *Share Internacional*, edición inglés No.6, julio/agosto 2014, p.28
104 Dino Kraspedon (1959), *My Contact with Flying Saucers*, p.29
105 Creme (1998), *La Misión de Maitreya – Tome III*, edición inglés (1997) p.341
106 Kraspedon (1959), op cit, p.29
107 Creme (ed., 2009), comentario editorial, revista *Share Internacional*, edición inglés No.1, enero/febrero, pp.26-27
108 Kraspedon (1959), op cit, p.190
109 Ibid., p.191
110 Creme (2001), op cit, p.135
111 Creme (2010), op cit, pp.43-44
112 Creme (2009), 'Preguntas y respuestas', revista *Share Internacional*, edición inglés septiembre, p.26
113 Entrevista con el Maestro de Benjamin Creme. En: Creme (1998), op cit, p.194
114 Bethurum (1954), op cit, p.85
115 Adamski (1961), *Flying Saucers Farewell*, p.92
116 Denaerde (1982), op cit, pp.55-57
117 Denaerde (1977), op cit, p.27
118 Ibid., p.31
119 Creme (ed.; 2009), op cit
120 Denaerde (1977), op cit, p.24
121 Ibid., p.56
122 Kraspedon (1959), op cit, p.190
123 Creme (2010), op cit, p.44
124 Ibid., p.43
125 Denaerde (1977), op cit, p.103
126 Denaerde (1982), op cit, pp.88-89
127 Adamski (1984), op cit, pp.88-89
128 Ibid., pp.116-17
129 Denaerde (1977), op cit, p.61
130 Creme (ed., 2014), op cit

La vida en otros planetas (pp.85-86)

a   Menger (1959), op cit, p.162, y Aartsen (2011), *Here to Help: UFOs and the Space Brothers*, 2da edición 2012, p.140
b   Creme (2002), *El Gran Acercamiento*, edición inglés (2001) p.129
c   Menger (1959), op cit, pp.126-27
d   Adamski (1957-58), op cit, Part No.1, Pregunta #12

e   Adamski (1965), *Answers to Questions Most Frequently Asked About the Space Visitors and Life on Other Planets*, p.16

f   Aartsen (2011), op cit, pp.92-98

g   Menger (1959), op cit, p.84

h   Aartsen (2011), op cit, p.92

i   Steve Connor (2015), 'The galaxy collisions that shed light on unseen parallel Universe'. *The Independent*, el 26 de marzo. Disponible en: <www.independent.co.uk/news/science/the-galaxy-collisions-that-shed-light-on-unseen-parallel-universe-10137164.html> [Consulta: 27 de marzo de 2015]

4. Hacia una nueva civilización: debemos liderar el camino

"Las nuevas energías de Acuario, cuya potencia crece a diario, están haciendo sentir su presencia. Ellas están detrás de cada cambio, en cada esfera que ahora ocurre a escala global. Estos cambios habrán de reflejar la cualidad y la naturaleza de la energía acuariana: Síntesis. Las energías de la Síntesis, que fusionan y mezclan los diferentes aspectos de nuestra multifacética vida, tienen el propósito de llevar a la humanidad a la conciencia de Unicidad, a la apreciación de su lugar en el Gran Plan, y a que adquiera la habilidad para manifestarlo relacionándose correctamente en el plano físico."[1]

El Maestro de Benjamin Creme –quien ha contribuido con un artículo para cada publicación de *Share Internacional* desde su inicio en enero de 1982– describe el triple efecto de las nuevas energías que están entrando en el planeta desde el comienzo de este nuevo ciclo cósmico. Este cambio obedece a que el sistema solar desplaza su alineación de la constelación de Piscis a la de Acuario. Como veremos en el presente capítulo varios contactados corroboran este hecho.

Muchos habrán oído hablar o conocerán de la inminencia de esta 'nueva era', y aún aquéllos que desechan la noticia como meramente mística no pueden negar el hecho de la nueva alineación cósmica. Podrán negar que constelaciones lejanas tengan cualidades energéticas diferentes que puedan afectar el curso de eventos de la Tierra, y tal vez eso se pueda entender, dado que la humanidad no ha vivido todavía los casi dos mil ciento cincuenta años del ciclo para manifestar sus efectos. No al menos en la forma que el estado del planeta testifica respecto de la sobrestimación pisciana de las cualidades de individualidad e idealismo.[2]

Tampoco puede negarse que la gente ya no se fía de la autoridad con respecto a su interpretación de los hechos y simultáneamente reconoce la dimensión de su poder al actuar en conjunto. Hay muchos ejemplos de esta fuerte tendencia en la historia reciente, como la de los pueblos de Europa del Este atravesando las fronteras opresivas de control hacia Europa occidental en 1989/90 y las transiciones democráticas tras años de opresión militar en las naciones de América del Sur, Indonesia y otros sitios. También la masiva demanda de justicia expresada en la 'Primavera Árabe', 'Occupy Wall Street', los 'Indignados' y otros movimientos similares, y mientras escribo esto, las mareas de migrantes y refugiados que no se arredran ante muros de púas, ni el mar. Puede ser que el resultado de estas manifestaciones del poder popular no se vea todavía, pero el sentido está en el hecho mismo de que ocurra. La caída del muro de Berlín muestra que llegado el momento cuando la gente que debe fusionarse lo hace, lo imposible resulta posible.

Por esta razón el Maestro de Venus le dijo a Adamski mucho antes que el empleo de los medios masivos de comunicación se hiciesen ubicuos: "Pienso que la gente de la Tierra se sorprendería si pudiese ver con qué velocidad se producen los cambios. Ahora que tienen los medios con el vasto alcance de la radiodifusión, los mensajes sobre la necesidad de amor y tolerancia entre todos, alcanzará registros más amplios que los de la suspicacia y la censura. La mayor parte de la población mundial está agotada de luchar y de sus consecuencias de angustia y dolor. Ahora sabemos mejor que nunca antes, que están hambrientos de saber cuáles son los caminos a seguir para su liberación."[3]

¿Por dónde empezar? Por la conciencia. Ami, el personaje de

Barrios, nos ofrece una emocionante vía de percepción respecto de cómo dormimos con los ojos bien abiertos: "Piensan que en la vida no hay magia porque están hipnotizados. No escuchan al mar. No sienten las fragancias de la noche. No se percatan de su propio caminar ni de las escenas que los acompañan. No son conscientes de que respiran. Están hipnotizados con su propio hipnotismo. Piensan que cualquiera que no comparte su hipnosis es vuestro enemigo. Todo eso es hipnosis, todos están hipnotizados. Dormidos. Cada vez que alguien empieza a sentir que la vida es hermosa, despierta. Una persona despierta, entiende que la vida es el paraíso y la disfruta momento a momento. Pero en fin, no pidamos tanto de un mundo incivilizado."[4]

El Maestro venusino le dice a Adamski "…deben imprimir el conocimiento en las mentes de vuestros hermanos tanto como puedan, de que el primer requisito es el conocimiento de sí mismos. Y que las primeras preguntas a formularse son: '¿Quién soy? ¿A través de qué caminos puedo expresarme de modo de volver a la unicidad de la que me he apartado?"[5] También a Howard Menger le dicen lo mismo: "El Hombre debe aprender lo que es, de dónde viene y cuál es su real propósito aquí en este planeta."[6]

Es esta fusión con el principio divino o Causa donde nos originamos y a lo que debemos nuestra existencia, lo que permanentemente nos repiten los visitantes del espacio, como en el caso del contacto de Daniel Fry: "La humanidad… no importa de dónde, está dotada con el conocimiento innato de que hay una inteligencia infinita y un poder supremo que supera la capacidad humana de entendimiento. La actitud hacia este poder va variando a través de los muchos estadios de desarrollo, del temor y el resentimiento al respeto y el amor. Pero siempre ha tenido el deseo instintivo de aprender más del lado espiritual de su naturaleza y la esfera creativa de su poder."[7] Además "mientras gana en comprensión y su consciencia espiritual se desarrolla, se percata del hecho de que sólo a través de la cooperación entre el hombre y el Amor Espiritual de aquello a lo que denomina Dios, puede verdaderamente mejorar las condiciones de su vida diaria."[8] Por eso Ami dice: "Si fueses consciente de vos mismo, tanto como lo sos de lo que te rodea, descubrirías montones de cosas..."[9]

Nótese que esto no es un llamado a volver a aquéllas simples nociones religiosas a las que millones adhirieron en las últimas seis o siete décadas. Viajando en la nave nodriza de Saturno, Adamski cavila: "Tantos permanecen ciegos a las causas que están detrás [de los problemas que asolan a la humanidad]. Sólo cuando una cantidad suficiente de gente se percate de lo que son y que con todo su corazón deseen cambiar sus deseos, abandonando sus ambiciones personales y las ansias de elogio, puede que todo esto ocurra."[10]

El contacto de Daniel Fry también, le dice: "Vuestros libros de filosofía afirman que cada uno debe amar a su prójimo y perdonar a sus enemigos. Los nuestros dicen que si una persona *comprende* a su vecino y si su vecino lo *comprende* a él, nunca serán enemigos. Para comprender a tu prójimo requieres la habilidad de ponerte en su lugar y ver las cosas como él las ve. Hay una gran diferencia entre conocer y comprender. El conocimiento procede de tu cabeza, pero para comprender precisás de tu corazón."[11]

El contacto de Fry prosigue diciendo que cuando nos conozcamos y comprendamos a nosotros mismos, habremos de reconocer que "los deseos y las necesidades, las esperanzas y los temores de toda la gente en tu tierra, son exactamente los mismos. Cuando esto sea parte del conocimiento de todos recién entonces tendrán las sólidas bases para la formación del 'Mundo Uno' del que tan despreocupada e impensadamente hablan vuestros políticos, y vuestros líderes espirituales repiten con tanta tristeza."[12]

Los contactos de Adamski le recuerdan: "Nosotros, así como los hermanos que viven en mundos diferentes al vuestro, miramos imparcialmente a los grupos en que se dividen los tuyos en tu planeta. Nosotros, que hemos aprendido más de las leyes de nuestro Padre, leyes que están activamente operando en el Universo, no podemos comprender las diferencias que los tienen a ustedes en permanente jaque. Nos aflige lo que ocurre en vuestra Tierra. Como hermanos de toda la humanidad, estamos dispuestos a ayudar a todos los que están a nuestro alcance y desean nuestra ayuda. Pero jamás habremos de imponer nuestras formas de vida a la gente de tu tierra."[13] Ello confirma lo que le dice su contacto a Daniel Fry: "Si nosotros aterrizásemos a un tiempo [en EE UU y la Unión Soviética] el resultado sería que ustedes... intensificarían la carrera armamentista actual y sobrevendría el holocausto que pretendemos evitar.

"Señalaremos el camino y los ayudaremos a entender la sabiduría que yace en el amor y la cooperación ayudándoles tanto como podamos, [pero tanto tú como los otros que han sido contactados deberán difundir la palabra y ayudar al mundo a comprender]. Que vuestros hijos tengan o no un futuro dependerá en gran parte del éxito de vuestros propios esfuerzos."[14] Confirmando que la separatividad es la enfermedad causante de todas las otras enfermedades agrega: "La posibilidad de una guerra atómica en tu tierra no es el problema, es meramente un síntoma y nadie ha curado de una enfermedad siendo tratado por los síntomas."[15]

Con el propósito de despejar cualquier duda, Adamski señaló a su audiencia: "Algunos abrigan la errónea idea de que la gente del espacio viene aquí a salvar a unos 'pocos elegidos' en el caso de una guerra nuclear o si algún desastre se avecinara. Totalmente falso. De estar en las proximidades cuando ocurriese una catástrofe, harían lo que mejor pudiesen, pero no nos vienen a salvar de las circunstancias que nosotros mismos hemos creado. Cada planeta, cada individuo, debe realizar su destino resolviendo sus propios problemas. La ley de la hermandad nos llega desde tiempos inmemoriales. Ellos *viven* esta ley. De modo que de salvar a alguna gente, no salvarían a 'un grupo elegido', sino a todos los que estuviesen a su alcance. No discriminarían. Recuerden, ellos no reconocen aquellas diferencias que nosotros hacemos entre los nuestros, ya sean raciales o religiosas."[16]

Alan, un contacto de Daniel Fry, le explicó: "Cada civilización en el Universo, sin importar su origen, se desarrolla primero a través de un continuo crecimiento en conocimiento y la *comprensión* que resulta de un exitoso desarrollo 'científico'." Sin embargo, reflexiona, la palabra 'ciencia' tiene un significado mucho más amplio que el alcance reduccionista que prevalece hoy día. La define como "la prosecución de la verdad, en forma ordenada e inteligentemente dirigida." Alan distingue tres ramas principales: (1) las ciencias físicas o materiales; (2) las ciencias sociales que describen las relaciones entre los hombres; y (3) la ciencia espiritual que abarca las relaciones "entre el ser humano y los grandes poderes creativos e infinita inteligencia que impregna y controla toda la naturaleza."

"Toda la ciencia en el Universo, toda búsqueda de verdad y comprensión sobrevendrá tras alguna de estas tres divisiones. No podemos tirar una plomada y trazar una línea entre ellas porque en ocasiones se superponen, pero las leyes fundamentales que las gobiernan son idénticas. Para que cualquiera de las civilizaciones del Universo se desarrolle total y exitosamente, cada una de las tres ramas de la ciencia debe ser perseguida con un mismo esfuerzo y diligencia." Contrariamente a nuestro énfasis sobre las ciencias duras dice Alan: "sin embargo las ciencias Espirituales y Sociales habrán de desarrollarse primero. No puede existir desarrollo confiable de las ciencias materiales si no se ha construido primero un firme fundamento espiritual y social."[17]

Esa ciencia social –que relacione correctamente a los seres humanos– no habrá de quedar confinada o limitada a lo académico, sino que deberá ser puesta en práctica. Este es un tema común que atraviesa las afirmaciones de todos los contactos originales. George Adamski, por ejemplo, le dijo a su auditorio: "Una cosa puedo asegurarles: la gente del espacio no viene meramente a satisfacer nuestra curiosidad. Por ahora, lo que se me ha dicho es que lo mejor que puedo hacer para ayudar, es vivir con mayor respeto por todos. En tanto esto se practique en todas partes la hostilidad de uno hacia otro habrá de disminuir dejando detrás un terreno fértil sobre el cual trabajar para el provecho de todos. Pero el éxito final depende de cada uno. (...)

"Debemos aprender a vivir con humildad, respetando a nuestros semejantes independientemente de su color o posición en la vida. Pero esto es un problema que cada uno, cada nación habrá de solucionar individualmente."[18] En otras palabras, una verdadera transformación sólo procede del interior y sólo si la manifestamos. No tiene caso el acceder a la conciencia de lo que las correctas relaciones sociales significan si no lo llevamos a la práctica en la forma en que nos vinculamos con los demás.

El efecto de semejante cambio no podrá ser sondeado, añade "puesto que cada individuo es un centro radiador de influencia, cuya última circunferencia no puede ser percibida con precisión. Vigilen vuestros pensamientos y decidan si son del estilo de los que realmente quieren tener. Si no es así, cámbienlos de modo tal que se acomoden mejor a vuestras aspiraciones. Sean los amos de vuestra mente... no sus esclavos. Vigilen también vuestras actitudes respecto de los demás, con los compañeros de trabajo, los amigos, los desconocidos, los miembros de vuestra familia. ¿Acaso son ustedes gentiles con unos, tolerantes con otros y discutidores con los más próximos? ¿O bien son bondadosos con todos por igual? El mundo es un conjunto compuesto por billones de individuos cada uno de los cuales es un importante centro de radiación de acción. Y no es posible cambiar el conjunto a menos que y hasta que cada pequeña parte acceda a una convivencia armoniosa con los demás. Esto es lo que conocemos como la Hermandad de la Humanidad."[19]

Del mismo modo que todas las principales religiones comparten

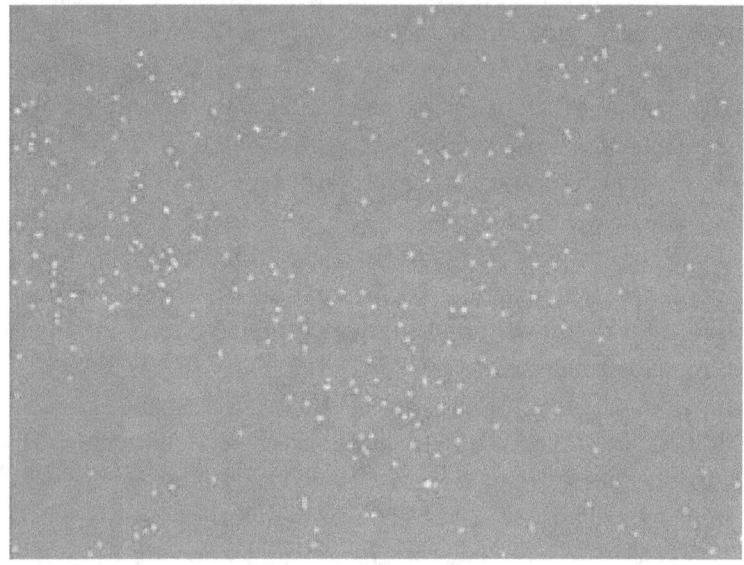

Inmensa flota de 1.500 Ovnis avistados sobre Guadalajara en México el 23 de octubre de 2011 (arriba) y una flota de tamaño desconocido sobre Sacramento, California, EE UU el 13 de agosto de 2011 (abajo).

la expectativa de un nuevo Maestro que nos traiga nuevas Declaraciones (ver páginas 43-44) así como también el mandamiento de tratar al prójimo como desearías que te traten (Apéndice II) la noción de un vuelco o expansión de la conciencia también se comparte, reconociéndolo como esencial al desarrollo personal. El libro *Presencia – Propósito humano y campo del futuro* nos ofrece una interesante y concisa síntesis de cómo la idea de un cambio de conciencia está presente en muchas tradiciones. En la tradición esotérica cristiana se la asocia con 'gracia' o 'revelación'; el taoísmo por su parte habla de la transformación de la energía vital (*qing*) en sutil fuerza vital (*qi*) y en energía espiritual (*shi*). Los budistas luchan por la 'interrupción' del pensamiento o la 'iluminación'; en el hinduismo aluden a la 'totalidad' y en el Islam místico se lo conoce como la 'apertura del corazón'.[20] El Maestro venusino lo pone en las siguientes palabras: "El propósito de la vida en otros mundos es básicamente el mismo que en el tuyo. El anhelo de elevación es inherente a la humanidad, independientemente de cuán profundamente pueda estar enterrado este deseo. Vuestro sistema escolar en algún sentido está pautado tras un progreso universal de la vida ya que proceden de grado en grado, de año en año, de una escuela a la otra, en procura de una educación más completa y elevada. Del mismo modo, el ser humano progresa de planeta en planeta, y de sistema en sistema hacia una comprensión mayor y el desarrollo universal en maduración y servicio."[21]

Nuevamente encontramos una razón para acatar la palabra de los Maestros antes que descartar sus enseñanzas y reemplazarlas por las interpretaciones limitadas de las religiones organizadas que han prosperado alrededor de ellas.

Con el colapso de la economía mundial la humanidad caerá en la cuenta. El Maestro de Benjamin Creme ha dicho: "Los hombres habrán de darse cuenta de su unicidad. (…) La idea de compartir, de justicia y de libertad crecerá en sus mentes como poderosos símbolos del futuro, como derechos inherentes a todos, la forma correcta de vincularse entre sí."[22]

Una de las primeras prácticas que precisaremos implementar cuando queramos expresar nuestro recuperado sentido de unicidad y la expansión de nuestra conciencia para incluir al prójimo, habrá de ser sin duda la redistribución adecuada del alimento asequible, de los recursos naturales, la habilidad tecnológica, la energía, etcétera para abastecer a cada hombre, cada mujer, cada niño en el planeta cubriendo sus necesidades básicas para la vida. No obstante este no ha de ser un 'paraíso nocturno' verdadero o imaginado. Como indicase el Maestro tibetano DK: "el 'principio de compartir' será reconocido como el concepto motivador de una nueva civilización. No significará que las actitudes de pronto se transformen en hermosas, dulces y humanitarias. El mundo seguirá siendo egoísta, pero la opinión pública será de tal suerte que algunas ideas fundamentales motivarán que las empresas se adecuen según el sentido de la opinión pública. El hecho de que las nuevas ideas generales continúen siendo gobernadas por la conveniencia de la interacción no será básicamente de importancia. Lo que sí importará es el compartir."[23]

Aun cuando para la humanidad como totalidad sea todavía una meta abrazar el principio de compartir como la llave para crear la confianza que se precisa para despojar al mundo de la injusticia, existe un movimiento invisible y poco revelado en implementar ese principio en pequeña escala.

Un notable ejemplo es el movimiento de Comunidad de Transición en el cual las comunidades comparten la responsabilidad de reducir el uso de carbono con el consecuente ahorro de recursos. Rob Hopkins comenta la actividad del movimiento en un artículo en el cual uno de los fundadores del mismo dice: "La gente sabe que los cambios más importantes deben estar dirigidos hacia la falta de recursos derivada del cambio climático. Comenzó entre amigos y vecinos que se dijeron '¿qué podremos hacer nosotros como gente del común sabiendo que nuestros gobiernos no habrán de enfrentar el problema?'" En Portugal el periodista Stephen Leahy escribe: "Cuando la tasa de desempleo supera el 20% y los salarios se reducen, el Movimiento de Transición se focaliza en reducir el uso de dinero. Una pequeña ciudad se abstuvo por tres días de hacer transacciones con billetes o dinero en cualquier forma. A cambio la gente intercambió servicios. (...) Ahora [2013] hay más de mil comunidades involucradas en el movimiento. Todos son voluntarios. Inventan sus propias formas para reducir la dependencia de energía fósil, al mismo tiempo que aumentan la resiliencia local y el autoabastecimiento de agua, alimento, energía, cultura y bienestar." Entre muchas otras personas, Leahy cita a Celine Bilsson, miembro de la comisión de energía renovable en el pueblo francés de Saint-Gilles Du Mené en Britania, Francia que en la actualidad produce el 30% de su propia energía renovable. "No perdimos tiempo en estudios. Reaccionamos. Lo hicimos, nada más."[24]

Desde sus inicios este Movimiento ha crecido hasta ser una Comunidad en Red universal que realizan conferencias anuales en la que los participantes se "conectan, crean, comparten y celebran".[25]

José Luis Vivero Pol –activista contra el hambre y por los derechos sociales– describe otros ejemplos inspiradores de gente que une sus fuerzas para organizarse de modo de producir, intercambiar y consumir alimento por fuera de la lógica prevalente del mercado: (se organizan) "grupos de compras conjuntas en España y en Francia, también hay jardines urbanos en Bélgica con libre acceso a elementos alimenticios. Por todas partes se observan estas cadenas locales de consumidores y productores que se organizan para producir y consumir alimentos mejores [que aquéllos ofrecidos por el mercado; N.T.]. Y agrega: "Ninguna de estas formas de organización son nuevas en la sociedad humana. Durante miles de años los seres humanos han organizado actividades tradicionales colectivas para producir comida. En todo el mundo, especialmente en África y en Asia se pueden encontrar propiedades colectivas de recursos naturales y sectores de tierra que son manejados en forma conjunta. Por eso es que digo que estas ideas acerca de la transformación del sistema alimentario [de producto comercial a bien común] no son simples ilusiones teóricas o simplistas. La acción colectiva respecto del alimento actualmente atraviesa y se desarrolla también en los países desarrollados."[26]

Thiago Staibano Alves escribe en la revista *Share Internacional* un artículo sobre un reciente movimiento sudamericano en desarrollo, que él describe como 'empresas sin jefes'. Mientras muchas teorías modernas de gestión de negocios y recursos humanos hablan sobre la importancia de los trabajadores en las compañías y las fábricas, pero en los hechos se les permite una participación muy limitada en la formulación de políticas vinculadas a la producción los salarios y las políticas de venta". No obstante, sigue diciendo, ha surgido un nuevo modelo de negocios en décadas recientes: "Aun cuando todavía son relativamente pocas en número su crecimiento denota el surgimiento de una nueva consciencia en el mundo del trabajo – más igualitaria, más participativa y socialmente responsable. También denota que tales experimentos reportan ganancias a los trabajadores y sus comunidades." Luego prosigue describiendo un número de ejemplos en Brasil, en Argentina y en Venezuela de esos 'negocios sin jefes' en los que son "los trabajadores los que definen las políticas de producción, de salario y ventas. Cosa que hacen normalmente en asambleas de trabajadores." En América Latina y en algunos otros países, señala Alves "la propiedad de los trabajadores ha devenido una poderosa forma de defensa de los derechos contra la permanente degradación de las condiciones laborales y la desregulación."[27]

Claro que las cooperativas no son cosa nueva. Muchas son típicamente pequeñas y algunas algo más grandes, aunque hay ejemplos de grandes operaciones cooperativas que son tanto bien conocidas como exitosas. Nacida en Londres en los primeros años de la década del 20 del siglo pasado, la Asociación John Lewis tiene ahora 90 mil socios que poseen 44 negocios y 300 supermercados, un catálogo de negocios en red, una unidad productiva y una granja y todos comparten los beneficios y las ganancias. La Asociación tiene su propia constitución que establece que la felicidad de sus miembros es el propósito fundamental, reconociendo que esa felicidad depende de tener un trabajo satisfactorio en un negocio exitoso y compartido. La constitución también establece un sistema "de derechos y responsabilidades" y define los mecanismos para procurar a la administración de la Asociación "cheques y balances que aseguren una contabilidad transparente y honesta".[28]

Mientras que las diferencias salariales en John Lewis se estiman en una proporción de 75:1 –a gran distancia de la igualdad existente en 'Iarga' según se describiese en el capítulo anterior– es menos distorsionada que la desproporción de 422:1 o 323:1 y otras cifras proporcionales entre las ganancias de un CEO y un trabajador[29], síntoma común del criminal sistema capitalista.

La expresión de esta nueva consciencia es observada también por el periodista y escritor Paul Mason que escribe: "Estamos siendo testigos del surgimiento espontáneo de la producción cooperativa: están apareciendo bienes, servicios y organizaciones que ya no responden a los dictados del mercado y la jerarquía gerencial. (…) En forma casi inadvertida, en los nichos y huecos del sistema de mercado, amplias franjas de la vida económica ha comenzado a moverse a un ritmo diferente. Proliferan monedas paralelas, bancos de tiempo, cooperativas y espacios auto administrados escasamente notados por los profesionales de la economía y casi siempre como resultado directo del destrozo de las viejas estructuras posterior a la crisis del 2008."

"Para encontrarse con esta nueva economía, hay que buscarla detenidamente. En Grecia, cuando una ONG mapeó las cooperativas alimentarias del país, las producciones alternativas, las monedas corrientes y los sistemas locales de intercambio encontraron más de 70 proyectos sustentables y cientos de iniciativas menores incluyendo autos compartidos para llevar a niños de jardín de infantes. Para la economía corriente eso apenas califica como una actividad económica, pero precisamente ese es el punto. Existen porque realizan intercambios –si bien indecisos, titubeantes– dentro de la corriente de un post capitalismo: tiempo libre, actividad en red y cosas gratis. Parece un punto de partida algo exiguo y frágil, hasta peligroso para embarcar toda una alternativa al sistema global, pero así ocurrió con la moneda y el crédito en la época de Eduardo III."[30]

Pocos trabajos hoy en día requieren de la creatividad del que trabaja. Sin embargo, según los contactos de Stefan Denaerde: "es la creatividad lo que empuja al ser humano a hacer más cosas y también mejores. Hay dos tipos de creatividad, la material y la inmaterial. La primera es la que lleva a la persona a luchar por mejorar su estándar de vida. Esto se lleva a cabo en el terreno del sexo, la propiedad y el poder y es causa de toda la miseria que existe en el planeta. La individualidad se expresa en lo egocéntrico, la ambición y la avaricia. En el permanente intento por alcanzar una meta material, se experimenta una sensación de satisfacción, pero dura poco y es de corto alcance. Apenas un elemento para compararse con el resto. Así se lleva la meta un poco más adelante, en la preocupación por alcanzar un ingreso mayor, o una calificación mejor y el esfuerzo por la obtención de estos magros propósitos continúa, porque la satisfacción reside tan sólo en ese esfuerzo."

La creatividad inmaterial, por otro lado "es felicidad duradera. Es la permanente lucha por mejor los estándares de vida de los otros. Se expresa en la solidaridad, la comprensión, la piedad, tolerancia, estima, amistad – en pocas palabras, el concepto absoluto de amor incondicional."[31]

A este respecto resulta interesante leer las súplicas de uno de los compañeros industrial y holandés de Stefan Denaerde, en el sentido de que revisemos nuestro sistema educativo. En una charla editorial de 2011, Tex Gunning, miembro del plantel ejecutivo de AkzoNobel abogaba por una educación cimentada no en la información o conocimiento, sino en los valores. Decía que la educación debería enseñar a los niños a conocerse a sí mismos y a vivir con confianza y autoestima. A amar el estudio y el descubrimiento, a equiparse para una vida social estable, vivir en armonía con los otros y con la naturaleza, y así ser capaz de una contribución valiosa a la sociedad."[32]

En respuesta a una pregunta sobre cómo manejar una empresa en el espíritu de compartir, Benjamin Creme sugirió que en vez de emplear a gente para pagarle lo menos posible por el mayor tiempo posible de trabajo "podrían comenzar la nueva empresa como una cooperativa. Emplean a 20 personas, por ejemplo, y comparten la ganancia. Todos obtienen lo mismo. Todos hacen el mismo esfuerzo. Traten de minimizar las horas de trabajo y de maximizar el pago. Esa es la fórmula de la Nueva Era. Cuando se empieza a trabajar de este modo se empieza a comprender qué significa hablar de 'síntesis'. De este modo se conforman los grupos. La energía de Acuario sólo opera en forma sintética – con grupos. No es posible actuar en forma individual. Hay que cambiar toda la idea de hacer dinero para hacerse rico. Si se actúa de la forma acuariana no te vas a volver extraordinariamente rico ni se van a volver *todos* ricos."[33]

Compartir en el sentido de crear justicia como pre requisito para un mundo en paz y libertad para todos, según Creme "significa compartir los recursos del mundo – no es un tema de individuos, sólo puede aplicarse a escala global".[34]

Según Enrique Barrios, la Era de Acuario es "una nueva fase en la evolución del planeta Tierra, el fin del milenio de barbarie, una Nueva Era de amor, una suerte de 'maduración'. Ya hemos entrado en la 'Era de Acuario' pero sólo en cuanto al tiempo, no en cuanto a los hechos. La Tierra empieza a ser gobernada por otro tipo de leyes y de radiaciones cósmicas. En otras palabras, hay más amor en la gente, pero todavía se siguen practicando los principios correspondientes a etapas inferiores de evolución. La consecuencia es una discordancia entre lo que la gente siente internamente y lo que están obligadas a hacer externamente."[35]

Como resultado del stress y frustración que ello provoca en la humanidad, Creme advierte sobre el intento de una reforma total del sistema tal como los activistas demasiado apasionados, preferirían: "No nos vamos a deshacer del capitalismo. Le vamos a dar un lugar en nuestra sociedad. No es preciso pensar en cosas extremas, blanco o negro. No pensamos que pueda trabajarse con ambos, pero Maitreya lo dice de este modo: piensen en un carro. Si sólo tienen una rueda –ya sea capitalismo o socialismo– no va a andar. Todas las estructuras económicas del futuro habrán de mantener un equilibrio entre socialismo y capitalismo. Hoy en día no hay país del mundo que tenga el balance perfecto. Desde la perspectiva de los Maestros, el mejor balance es 30% de capitalismo y 70% de socialismo.[36]

Evocando lo que se le mostró a Stefan Denaerde respecto de la economía en 'Iarga', ya en 1940 el Maestro DK predijo respecto del nuevo sistema económico: "Seguirá existiendo la iniciativa privada, pero habrá de ser regulada; las grandes utilidades públicas, los mayores recursos y fuentes de riqueza del planeta tales como el hierro, el acero, aceite y trigo, por ejemplo, serán propiedad de un gobierno controlado internacionalmente. El grupo control no obstante, que vigilará el consumo, será controlado por grupos nacionales elegidos por la gente y bajo una dirección internacional."[37]

En muchas ocasiones Benjamin Creme dijo que ya existen "anteproyectos que de ser implementados resolverían los problemas de redistribución que son el centro de los conflictos económicos que tenemos hoy en día. Los recursos están. Hay más alimento en el mundo del que precisamos, gran parte echándose a perder en los depósitos del mundo desarrollado mientras millones mueren de hambre en todas partes. (…) Primero que nada, cada nación deberá decir qué productos tiene, cómo los produce, y qué cosas importa. De este modo la totalidad de los bienes de la Tierra serán conocidos. Cada nación habrá de donar a un pozo común aquello que tiene en exceso. (…) De ese pozo central, creado por todas las naciones, se abastecerán las necesidades de todos. Esto es, teniendo en cuenta las necesidades del planeta."[38]

Al mismo tiempo, dice "No estamos todos en el mismo nivel. No tenemos todos la misma idea respecto de qué es lo mejor para la humanidad. Algunos tienen un sentido de unicidad que otros no tienen. Todo implica tiempo y energía, las nuevas energías de Acuario para alcanzar un punto de giro está empezando a ocurrir. La humanidad está despertando a esta promesa."[39]

El Maestro de Creme lo dijo con estas palabras: "Revolución no, evolución. Ese es el proyecto del Instructor del Mundo Maitreya. Él sabe bien que toda revolución precipita el conflicto y la muerte, cambiando un tipo de problemas por otro. Lo que se precisa es un proceso gradual de cambio que permita a todos la experiencia de ser parte de su propio destino. Compartir es la única manera de asegurar ese proceso. Sólo compartir engendra la confianza esencial para empezar."[40]

Muchos, tanto en el ámbito de la ufología y fuera de él, han descartado los mensajes esperanzadores de los primeros contactos, simplificándolos al punto de la distorsión. Nos podrían hacer creer que los suyos son mensajes mesiánicos de salvación, de modo que la gente no piense que precisa razonar y actuar por sí misma. La lectura de primera mano de estos libros y panfletos que estos contactos pioneros han escrito para informar al mundo de su experiencia, demuestra lo contrario. Uno tras otro exhorta a la humanidad a hacerse responsable de enderezar lo que está torcido en nuestro mundo.

No es mera coincidencia que en cada oportunidad de contacto, la gente del espacio enfatice el libre albedrío de la humanidad para determinar su propio futuro. Y el hecho de que los Hermanos del Espacio estén aquí para asistirnos en la construcción de la plataforma de transición para la humanidad y el planeta hacia una nueva civilización –como primera manifestación en el próximo peldaño de nuestra evolución– no significa que tengan la voluntad de quebrar nuestro libre albedrío. Cuando alguien le preguntó si propone la forma de gobierno empleada en otros planetas para los pueblos de la Tierra, George Adamski dijo: "¡No propongo nada! Para que un cambio pueda tener éxito, la gente tendrá que considerarlo con prudencia; y luego deberá expresar un firme deseo de sintonizar sus mentes, antes que nada. (…)

"Sus formas de gobierno nos han sido explicadas meramente como ejemplo para demostrar que las Leyes de la Vida son aplicables en todos los planetas. Los terráqueos han enclaustrado sus enseñanzas en el mundo de las religiones, sin entender que nos están mostrando un camino para la vida. (…) Una vez más nos recuerdan esta pauta de vida. Cada hombre, mujer, niño, habrá de buscar profundamente en sí mismo su propia respuesta. Porque como en todas las cosas, la totalidad sólo tiene la fuerza de su eslabón más débil."[41]

El contacto marciano de Adamski, Firkon, en algún lugar agrega: "En tanto los hombres no deseen cambiar su forma de vida, nadie podrá ayudarlos. Aquéllos pocos de la Tierra que sinceramente deseen aprender las leyes del Uno Infinito deberán intentar liderar al resto. Y nosotros, los de los otros mundos, los ayudaremos."[42] Pero dice "cada individuo vive su propia vida, construye su propio destino futuro y escribe su propia historia. En el Plan Cósmico nadie queda a la deriva, sin esperanza. Cuando el deseo despierte en el corazón del hombre de un mayor conocimiento de sí mismo, de su propósito en la vida y su relación con el Todo Cósmico, el camino se le abrirá para que alcance su meta."[43]

El anfitrión de George Adamski reconoció que "ustedes están alcanzando la Edad Cósmica. Por eso pueden entender esto, tan siquiera un poco."[44] En consonancia con las nuevas iniciativas que documentamos antes en este capítulo, se puede detectar un nuevo espíritu entre los seres humanos. Benjamin Creme y otros las mencionan como las nuevas energías de Acuario testificadas en el incremento de la voluntad de las masas de reclamar por justicia y libertad.

Es de esperar que esas nuevas energías conduzcan a una crisis de consciencia. Estas crisis suelen manifestarse en el terreno económico. George Adamski señaló: "Al estudiar [la Biblia en busca de evidencias de visitantes del espacio], resulta evidente que casi en todas las visitas registradas desde "el cielo" estas ocurrieron cuando los terráqueos se vieron en dificultades. Entonces como ahora, no se contactaron las masas, sino tan sólo a individuos seleccionados aquí y allá. Los visitantes dieron consejos entonces, que cuando fueron observados revivieron una civilización en peligro, pero que si eran ignorados, esa civilización en algún momento se habría de hundir en el olvido. Los viajeros del espacio hacen tanto como pueden para ponernos en guardia y ayudarnos. Pero la decisión final está en nuestras manos."[45]

Mientras ocurría el despertar de las protestas de 'Occupy', en Suiza se llevaba a cabo un referéndum respecto de si limitar o no los salarios y los bonos de le los ejecutivos de una compañía a un máximo de 15 veces el salario promedio de sus empleados. Como previendo el resultado del mismo un periodista, Roberto Savio, escribió: "En tanto se lleva a cabo el referéndum, resulta claro que lo que falta no es conciencia sino voluntad política."[46]

Es obvio que para que se hagan efectivos cambios sustanciales, grandes sectores de la población humana deberán actuar en su propio beneficio. Los contactos de Stefan Denaerde señalaron cuáles eran los principales problemas en este sentido: "El mayor problema es la indiferencia, la dejadez del hombre común. Es gente con nula polarización. No son egoístas, tampoco son altruistas, ni humanos ni pescados. Esta gente precisa situaciones de gran stress en las cuales deban elegir, lo quieran o no lo quieran. (...) Si leen Mateo 24 y Marco 13 verán que Cristo profetizó la polarización de la humanidad..."[47]

Según Benjamin Creme es la energía del Amor que trae el Instructor del Mundo la que en este momento está saturando al planeta y estimulando tanto el bien como el mal de modo que "la humanidad pueda distinguir claramente qué es lo que tiene que hacer. Si así no ocurriera podríamos sentir que podríamos seguir sin aflojar, como estamos haciéndolo. (...) La Espada de la Escisión agudiza las diferencias y aclara las opciones ante la humanidad. (...) O tomamos el camino correcto de las correctas relaciones humanas, de construcción y armonía o bien tomamos el camino de las relaciones humanas erróneas que eventualmente habrá de desembocar en la destrucción de todos."[48]

En ese día decisivo en que el Instructor del Mundo declare su verdadero estatus al mundo, cuando se acerque el tiempo del colapso final de las presentes estructuras, también habrá de darle a la humanidad una profunda experiencia de unicidad acerca de la cual el Maestro de Creme ha dicho: "La humanidad conocerá de nuevo la alegría de una participación total en las realidades de la Vida, se sentirán conectados uno con el otro, sentirán el recuerdo de un pasado distante." Esto hará que se inspiren "en el compromiso de trabajar en la reconstrucción y la rehabilitación del mundo."[49]

Volviendo a aquella noción de que un cambio permanente sólo puede sobrevenir como resultado de una convicción interior, los anfitriones de Stefan Denaerde explicaron: "La polarización mental es el cambio de dirección del poder del amor hacia uno mismo –egoísmo– hacia el amor por el otro – altruismo. Esto no está ligado a la ley de acción y reacción, es un proceso que subyace en el interior de cada individuo."[50] Ya en 1954 se le dijo a Daniel

Fry: "Ni tu raza ni tu cultura están destinadas a la extinción. Pueden seguir su curso hacia delante hasta dejar el peligro atrás por siempre. La elección, como ves, es vuestra."[51]

Una vez que hayamos elegido a escala mundial, no hay fin para lo que es posible cuando nos percatemos de somos Uno y actuemos según esa certeza. Los contactos de Truman Bethurum nos lo reafirman: "No tenemos los problemas que tienen ustedes porque sabemos qué es lo que está bien y qué es lo que está mal. Lo mismo puede ocurrirles a ustedes. Dios ha sido generoso con sus bendiciones y la escasez no existe. Tu gente podría amalgamarse y actuar al unísono en vez de estar guerreando permanentemente, y encontraría entonces que la tierra es buena para vivir en ella. Desiertos y llanuras pueden ser transformados en jardines que serían como el Cielo. La materia, el esfuerzo y la vida derrochada en guerras podrían traer abundancia de agua a los desiertos, si no de los ríos contaminados, de la propia atmósfera, o de los océanos distantes. Esto puede hacerse. Así tendrían un verdadero paraíso en el que levantar vuestros hogares y criar vuestros niños y verlos crecer en paz sin el agobiante horror de temer una muerte cruenta o la mutilación agrietando cuerpos jóvenes..."[52]

A este respecto George Adamski nos recuerda: "Todos los #149 planetas son salones de clase en el Cosmos. Y así como en nuestros sistemas escolares nos graduamos de grado en grado, reteniendo y aplicando el conocimiento adquirido en los grados inferiores, así nos graduamos de planeta en planeta y de sistema en sistema. El Cosmos es una gran escuela con muchos departamentos de aprendizaje para cada estado del ser. Hay planetas primarios, y planetas avanzados mucho más allá del alcance de nuestra imaginación terráquea. No obstante estamos aptos para todos. Con lo que precisamos involucrarnos aquí, es con el dominio de las lecciones del presente de manera que podamos velozmente heredar el futuro que seguramente está en nuestro destino."[53]

Últimamente, aquellos que abogan por la divulgación de la

información [que no se revela] han organizado peticiones para impulsar el anuncio de lo que los gobiernos conocen respecto de la presencia extraterrestre. Si bien estas actividades son útiles para mantener vivo el conocimiento de la presencia extraterrestre ante el público, claramente no aporta a la salvación del planeta. Sabemos de su presencia, aunque los gobiernos la oculten. Como sabemos también de la existencia de fuentes de energía más limpias que han sido compradas y ocultadas por la industria del petróleo. Lo que importa es que sepamos por dónde se empieza la transformación y cómo hacer para realizarla o liderarla. Esto es: poniendo en palabras el conocimiento que ha estado pendiente en el fondo de nuestro ser. Como le dijera a Daniel Fry su contacto Alan: "Tu gran Era, la Edad de Oro de vuestro planeta, está allí, justo delante de ti. Lo que deben hacer es elegir la puerta correcta. Cuando vuestra comprensión aumente, acelerarán el tiempo justo para alcanzar esa Edad de Oro."[54]

Parece que a Wilbert Smith le dijeron lo mismo: "A su tiempo, cuando acontezcan ciertos sucesos y nos orientemos de modo que podamos aceptar la gente de cualquier sitio, ellos vendrán a encontrarse con nosotros compartiendo la misma confianza y el entendimiento recíproco, y seremos capaces de aprender de ellos y parir la Edad de Oro que todos en todas partes profundamente desean en el fondo de sus corazones."[55]

Confirmando las afirmaciones de muchos de sus compañeros contactados, mencionados en el capítulo anterior, termina diciendo: "Nos han contado de una vida que es utópica, que va más allá de nuestros sueños y cómo acceder a ella. ¿Sería posible, acaso, que una filosofía tan consistente y magnífica sea el producto de la imaginación de un montón de imbéciles mal informados? No lo creo. Si la única evidencia que tuviésemos fuese filosófica, tal vez podríamos sospechar de ella, pero si se la acopla con la verificación de las observaciones de miles de ellos, no podemos descartarla con tanta facilidad."[56]

Los planetas son salones de clase del Cosmos

¿Hay evidencia de que la gente de un planeta encarna en otro?

Hay gente que lo afirma de sí mismo, y lo que sea que digan como prueba o evidencia sólo puede aceptarse de buena fe, o no. Pero hay algunos casos de los que sí se tiene evidencia independiente o externa.

En mi libro *George Adamski – Un Heraldo de los Hermanos del Espacio* cito distintas fuentes que indican que George Adamski fue en realidad un alma procedente de la humanidad venusina encarnado en la Tierra para cumplir la misión por la que obtuvo fama.

Por ejemplo, en *El Misterio de Escoriton – ¿Volvió Adamski?* Ernest Arthur Bryant describe cómo el 24 de abril de 1965, un día después de la muerte de Adamski, tuvo un encuentro con tres seres de una nave espacial que aterrizó en Dartmoor, en el Reino Unido, uno de los cuales se identifica diciendo "Mi nombre es Yamski" o algo así, con un acento más bien norteamericano y dijo "somos de Venus." Dijo también: "Si Des Les estuviese aquí, él entendería" en clara referencia a Desmond Leslie.[a]

De modo similar, en 1980, durante un encuentro con sus contactos del espacio, al contactado Giorgio Dibitonto le presentan un señor "que nos impresionó de inmediato por su bondad y su amabilidad. Sonreía como alguien que tiene mucho para decir, pero que no lo dice. 'Su nombre es Jorge', dice Rafael señalando en mi dirección, 'el mismo que el tuyo. Este, nuestro hermano, vivió un tiempo en la Tierra donde eligió venir para cumplir con una tarea. Ahora está con nosotros de vuelta.'"[b] Cuando Wendelle Stevens, que publicó la historia de Dibitonto en los EE UU, le preguntó a Benjamin Creme si los contactos de Dibitonto procedían efectivamente de Venus, Creme le dijo que era verdad, agregando que había muchos venusinos entre nosotros entonces y todavía hoy.[c]

En 1958 Desmond Leslie señala en su novela *El asombroso Sr. Lutterworth* (de la que dice que está basada en la misión de Adamski y que es en un 75% no ficcional), que quien fuese en algún momento su co-autor había venido de otro planeta y no lo recordó hasta mucho tiempo después en su vida. De acuerdo con la Fundación George Adamski, el mismo Adamski advirtió en contra de toda afirmación respecto de que habría de retornar o que había retornado. No obstante, como una advertencia contra los impostores que pudiesen intentar apropiarse o capitalizar su legado tras su muerte, los episodios mencionados más arriba no contradicen necesariamente las declaraciones de Adamski.

Otro caso: El 10 de marzo de 2004 el diario *Pravda* de Rusia, publicó una nota firmada por Gennady Belimov basada en el relato de unos miembros de una expedición a la zona norte de la región del Volgogrado en Rusia, y a la que muchos nombran como el Cordón de Medvedetskaya. Una noche, cuando se encontraban sentados alrededor del fuego, un niño de siete años, Boris Kipriyanovich pidió la atención de todos. 'Resultó que quería contarles a todos ellos acerca de la vida en Marte, sobre sus habitantes y sus viajes a la Tierra' dice uno de los testigos. Todos callaron. ¡Era increíble! El niño con inmensos y fogosos ojos estaba por contarles una magnífica historia acerca de la civilización de Marte (...), de la vida allí acerca de la cual conocía en detalle porque él descendía de Marte y tenía amigos allí." Según la información muchos de los presentes estaban azorados no sólo por el profundo conocimiento y la inteligencia del niño, sino también por su elocuencia.

Boriska, como le decían entonces, había nacido el 11 de enero de 1996 en Volzhskiy. Su padre era un oficial retirado y su mamá, dermatóloga. Ella contó que cuando tenía dos años solía sentarse "en la posición de loto y empezaba con estas charlas. Contaba acerca de Marte, de los sistemas planetarios, las civilizaciones distantes. No podíamos creer lo que escuchábamos. ¿Cómo podía un niño saber todo eso? El Cosmos, las inacabables historias sobre otros mundos y los cielos inmensos, son como mantras diarios para él desde sus dos años."[d]

En un comentario editorial sobre este relato en *Share Internacional* Benjamin Creme confirmó el origen del niño aunque agregó que alguna de la información no era precisa.[e]

A través de los años, Benjamin Creme señaló que varios personajes de la historia habían encarnado en la Tierra procedentes de otros planetas como William Shakespeare (de Júpiter), María Callas (de Marte) y Leonardo da Vinci (de Mercurio).[f]

(Notas en página 162)

El Maestro venusino confirmó esto cuando dijo: "No hay persona que no haya soñado alguna vez con lo que llaman Utopía, o el mundo casi perfecto. Y no hay nada que el hombre haya imaginado, que no sea en algún sitio, realidad. Por lo tanto no hay nada que no sea posible. También para ustedes en la Tierra es posible. Para nosotros en otros planetas de la galaxia, es ahora una realidad."[57]

El Maestro de Benjamin Creme nos dio un vistazo de ese maravilloso mundo posible: "Imaginen un mundo en el que ningún hombre carece de nada. En el que los talentos y la creatividad de todos demuestran su origen divino. Un mundo sin guerra y en el que la buena voluntad lanza su red de benevolencia a los corazones y las mentes de todos.

"Imaginen una ciudad de luz encendida por la Luz Misma en la que no se encuentre miseria ni carencia alguna. Imaginen un transporte veloz y silencioso motorizado por esa luz. Los mundos lejanos y hasta las estrellas, todo a nuestro alcance. Ese es el futuro que les espera a los hombres y a las mujeres que tengan el coraje de compartir. Ese es el futuro que le aguarda a los valientes que aman la Libertad. Ese es el futuro glorioso que les aguarda a quienes añoran comprender el sentido y el propósito de la vida."[58]

Con los gobiernos cubriendo la presencia extraterrestre, los contactos de Adamski, Ilmuth y Kalna le dijeron que la divulgación del hecho habría de precisar de la presión de las masas, enfatizando ya entonces la importancia del poder popular. En palabras de Benjamin Creme, tras sesenta años en los que aumentó la divulgación de su presencia, esta observación pareciera aplicarse aún más a la necesidad de cambio que por sí mismo llevaría a la revelación por fuerza de la reintegración de la Tierra a la comunidad planetaria, cosa que sería algo así como un suicidio político para la clase gobernante.[59]

"Pareciera que la respuesta reside en el hombre de la calle

El 15 de febrero de 2012 entre las 7 y las 8.15 de la mañana, Bernd Nachreicher vio un reflejo sorprendente en su cámara en el Aeropuerto de Vilshofen, a unos 170 km al noreste de Múnich en Alemania. Pensó que semejaba una figura como la del Cristo. Cuando preguntó en relación a este hecho al que consideraba un fenómeno, el fabricante de los lentes le explicó que se trataba de una refracción de la luz en la lente. (Fuente: TZ.de)

El Maestro de Benjamin Creme reveló que la figura que representa un cohete, fue la manifestación simbólica que hiciese el Instructor del Mundo de la futura tecnología que habrá de llevar a la humanidad más allá del sistema solar. (Revista *Share Internacional*, abril 2012 p.12.)

multiplicados por sus millones en el mundo." Dice Adamski y Firkon y agrega: "Ellos habrán de ser vuestra fortaleza y si se pronunciasen fuerte en contra de la guerra en número suficiente, algunos líderes de distintos lugares de tu planeta, escucharían con agrado."[60]

Ami, el personaje de Enrique Barrios señaló que informar a la humanidad es un proceso más que un espectáculo temporal, y reiteró la necesidad de la expresión de esa apertura de las conciencias: "Cumplimos con nuestra obligación al ofrecerles nuestra ayuda, sirviendo. Ahora es la Humanidad la que debe hacer un esfuerzo en su propio beneficio."[61]

A la vez que aclaraba el concepto de la necesidad de que asumamos nuestra responsabilidad por nuestro mundo y nuestro futuro, Firkon, a través de Adamski, denunciaba a la vez a aquéllos delegan su responsabilidad o bien muestran esa complacencia que implica el dejar nuestros problemas 'en manos de Dios' o bien designarlos como 'mal karma': "Reconocemos al hombre como la más alta representación de la Deidad, la consuma-ción de las formas menores. Si nosotros, con una intención dañina hiriésemos alguna de esas formas, sabemos que la estaríamos forzando a modificar su propósito inicial para hacernos daño. Por eso es que el Creador nos ha dejado en nuestras manos la tarea de lidiar con nuestros problemas. Cuando Sus leyes son desobedecidas, testifican contra nosotros. (...) Sólo oponiéndonos al principio Divino podemos crear las condiciones inarmónicas que atribuyen al demonio, y que ustedes mismos deben corregir. (...) Toda distorsión deberá ser corregida por aquél que la originó."[62]

El contacto de Daniel Fry lo confirma en forma bien precisa: "Si nos presentásemos como miembros de una raza superior que viene de arriba a liderar tu mundo, romperíamos seriamente el balance egoico de vuestra civilización. Diez millones de personas, en su desesperación por evitar ser relegadas a un segundo lugar en el universo, habrían de desaprobar o negar nuestra existencia. Si tomásemos el camino de forzar la verdad de nuestra existencia sobre sus conciencias, entonces un treinta por ciento de esta gente habría de considerarnos Dioses, e intentarían delegar en nosotros toda la responsabilidad de su bienestar. Del setenta por ciento restante, la mayoría nos consideraría potencialmente tiranos que proyectan esclavizar su mundo, y de inmediato, muchos intentarían buscar la forma de destruirnos."[63]

Es fácil ver que todo intento por denunciar como fantasiosas aquellas experiencias de los contactados no informadas en un principio, son en realidad construcciones maliciosas, que tienen el propósito de desacreditar su información. De todos modos vivimos en un tiempo en el que sus mensajes serán bien pronto mostrados como urgentes y más relevantes que nunca, y además pertinentes para la salvación de la humanidad y el planeta.

Hoy más que nunca la gente siente que el cambio está en el aire. Marcando la estructura de pensamiento masiva que se ha erigido alrededor de este momento trascendental en la historia de la humanidad. Muchos claman por las cualidades proféticas de sus ensoñaciones diurnas de una 'ascensión global', 'la apertura de puertas estelares', la 'activación galáctica' y otras formas similares que describen el despertar de la humanidad a su unicidad. En este sentido, sería bueno que recordásemos que no se trata sólo de conciencia, sino de cómo llevamos a la práctica y le damos forma a esta conciencia.

En algún sitio cité la afirmación de George Adamski cuando decía "el conocimiento es inútil si no se lo combina con la acción".[64] Con igual intención el contacto de Daniel Fry sintetiza exactamente lo que se necesita para construir un mundo que asegure la supervivencia de la raza y salvar el progreso de su civilización, tanto como el fin de nuestro aislamiento cósmico: "Si algo bueno puede quedar en forma perdurable de nuestros esfuerzos, los líderes actuales debieran ser vuestra propia gente..."[65]

Anexo al capítulo 4:
El mensaje y su fuente

Cuando Adamski fue recogido por sus contactos Firkon y Ramu para una reunión de despedida en la nave nodriza venusina en agosto de 1954, le dijeron que no se entristeciese ya que "nos pierdes sólo en nuestra forma física. No te olvides que siempre podemos comunicarnos mentalmente, dondequiera que estemos."[66] Pero él mismo previno contra los mensajes procedentes de canales místicos diciendo: "...no conozco psíquico ni místico que sepa o comprenda con lo que está –él o ella– lidiando. En estas circunstancias se exponen a todo tipo de impresiones de impostores y falso profetas."[67]

Una objeción común a la información recibida por los contactos de sus contactados, es que era 'evangélica'. Tal vez esto se pueda entender ya que dado que el mundo se estaba secularizando rápidamente y que primaba un modo generalmente 'materialista' de ver las cosas, habíamos perdido ya hacía tiempo la perspectiva de las realidades espirituales subyacentes, tal como se ha reiterado bastante en el presente volumen.

Es preciso recordar que como muchos de los primeros contactados era gente inclinada hacia lo místico, en tanto que sus contactos eran gente mucho más evolucionada que ellos mismos (y que la mayoría de nosotros), trataron de sintetizar su experiencia y la información que recibieron con un lenguaje exaltado. George Adamski, encima, recibió gran parte de su información de dos Maestros de Sabiduría, uno de Venus y el otro de Saturno, aun cuando más tarde lamentara haber empleado el término de 'Maestro' y llegase hasta decir que en realidad "los Maestros espirituales no existen en ninguna parte."[68] Y ello pese a haber estudiado con ellos en el Tíbet en su adolescencia[69], porque mucha gente tiende a atribuir –y a transferir– autoridad y responsabilidad a otros. Los Maestros, sin embargo, son así llamados porque han dominado su naturaleza inferior y por lo tanto también las leyes naturales, aprendiendo a vivir según las Leyes de la Vida. Aprendieron así a expresar su divinidad innata en una manifestación física relativamente perfecta – este es un proceso en el que todos estamos involucrados, como seres humanos que somos, antes de entrar en el reino espiritual de la naturaleza (ver también páginas 43-44).

Pese a que, en los círculos 'new age'. son multitud los que se atribuyen el poder de 'canalizar' mensajes de uno o varios presuntos 'Maestros', los verdaderos Hermanos Mayores de la humanidad se comunican sólo a través de la telepatía mental, como los Hermanos del Espacio. Benjamin Creme describe la canalización en los siguientes términos: "En su moderna y general connotación describe la recepción de enseñanza, información o instrucción de los planos astrales (...) a través de un médium o sensitivo astral. Es preciso entender que toda información y enseñanza recibida de este modo sufre de los mecanismos distorsionantes de los planos astrales – los planos de la ilusión."[70] En otro lugar dice también: "Se hace mucho dinero mediante la canalización privada o 'guía' o de la amplia venta de libros, en tanto que sus enseñanzas son generalmente 'inspiradoras' para los pretenciosos. Supongo que además hay muchos canalizadores que confunden la naturaleza de su fuente o 'guía' y suponen que están realizando algún tipo de trabajo beneficioso y de servicio."[71]

Adamski explicó la naturaleza de los planos astrales del siguiente modo: "dos mil y medio millón de personas [la población del mundo en ese momento] están transmitiendo pensamientos de expectativa respecto de lo que piensan que ha de ocurrir. Muchas profecías no son otra cosa que la influencia de estos pensamientos. Aquéllos con poco entendimiento reciben estos pensamientos y creen que son mensajes de la gente del espacio o una revelación de Dios. Como un pequeño porcentaje de estos pensamientos necesariamente ha de ser correcto, la gente cae en la trampa y cree que están en contacto con entidades reales..."[72]

Reiteradamente Adamski le dijo a su auditorio que "hay una cabal diferencia entre las comunicaciones telepáticas de naturaleza universal, y los 'mensajes' psíquicos comúnmente recibidos y conocidos en la Tierra. Hasta que la gente de la Tierra no esté más al tanto de cómo opera su propia mente, les va a resultar difícil diferenciar entre la información recibida de una fuente universal y aquella que reciben de los pensamientos que rodean nuestro planeta. Siglos de convivencia compartiendo habitación y pensamientos sumados a las emanaciones de la Naturaleza misma, resultaron en vibraciones más reales de lo que la gente supone. De allí que sea necesario tener mucho cuidado para no confundir estos pensamientos pre formados y estas emanaciones con las comunicaciones telepáticas verdaderas."[73]

A este respecto le dijo Firkon a Adamski: "Aparte de nuestras misiones físicas en la Tierra, todos nosotros tenemos la firme convicción de que la propia gente de este planeta despertará por sí misma al desastre que se les avecina." Y Ramu añadió: "Sabemos que el poder del pensamiento que le dirigimos a todos nuestros hermanos en la Tierra ha cambiado los corazones de muchos."[74]

Y también podemos corroborar estos conceptos leyendo el libro de Enrique Barrios cuyo personaje, Ami, dice: "...enviaremos 'mensajes' en frecuencia mental. Estos 'mensajes' están en el aire, como ondas de radio, y alcanzan a todos. Algunos la sintonizan, otros no."[75] También: "En los mundos evolucionados hay personas que los reciben y los transmiten. (...) En los mundos no evolucionados (...) aquellos que los reciben son 'profetas' en mayor o menor grado, dependiendo de la pureza con que transmiten su recepción a su mundo."[76] Ami dice además: "Algunas personas distorsionan los mensajes con sus propias ideas y creencias, pero hay quienes las expresan con pureza."[77]

Orthon le explicó a Adamski que la comunicación telepática es un "*estado unificado de consciencia* entre dos puntos, el emisor y el receptor, y este método de comunicación es empleado comúnmente en nuestros planetas, especialmente en Venus. Los mensajes pueden ser dirigidos entre individuos de nuestro planeta, desde nuestro planeta a la nave dondequiera que esté, y de planeta a planeta. Como te dijese ya antes –y permíteme que te lo recuerde– el espacio o la 'distancia' como la llaman ustedes, no representa una barrera. (...) Una cosa que queremos que les quede claro a todos es que los contactos mentales de los que hemos estado hablando, *definitivamente no son* 'psíquicos' ni 'espirituales' sino mensajes directos de una mente a otra."[78]

Howard Menger afirmó que cuando uno se encuentra con un viajero del espacio "sabe claramente que cada uno de sus pensamientos son descubiertos mediante una observación telepática poderosa. Así se percata que no puede esconder nada y se hace honesto tanto consigo mismo como con los visitantes. Es un sentimiento fresco, liberador, que se lleva adelante en tanto se lidia con los problemas diarios y los vecinos."[79]

La telepatía ha sido el método más empleado por los Maestros de Sabiduría para transmitir sus enseñanzas a través de sus discípulos – entre los que destacan Madame Blavatsky, Alice Bailey y Benjamin Creme. Pero hay una forma más elevada denominada "adumbramiento" que según B. Creme dice "en el sentido espiritual es el método por el cual una consciencia mayor trabaja sobre otra menos evolucionada para acercar su consciencia a la humanidad."[80] Según la Sabiduría Infinita así fue cómo el Cristo trabajó a través de Jesús, su discípulo entonces, desde el momento de su bautismo en el Jordán hasta el momento de su crucifixión[81] y cómo el Buda trabajó a través del Príncipe Gautama desde el momento en el que el príncipe alcanzó la 'iluminación' bajo el árbol de Bodhi.[82]

Al preguntársele a Adamski sobre los mensajes canalizados de supuestos "visitantes del espacio", contestó que "leyéndolos cuidadosamente encontré unas pizcas de verdad aquí y allá. Este es siempre el caso. La falsedad no podría existir si no fuese por trozos de verdad a la que simula. La presencia de estas partes de verdad es lo que causa mayor confusión en las mentes de los que realmente buscan la verdad, pero que la quieren de un modo más de hecho que sobre una base mística. Si algo es universal, se mezclará pero no se habrá de dividir. No niego la existencia de gente más allá de nuestro sistema que son unos más elevados, otros menos que nosotros mismos en su desarrollo. ¿Por qué habría de aceptar la 'guía' de uno que no puede ayudarnos? Nos alcanza con nuestra actitud desconfiada del uno por el otro. No precisamos salir al espacio para sumar divisiones."[83]

También aconsejó precaverse de aquéllos que "se distinguen a sí mismos con nombres y rangos. Como afirmo en *Dentro de las Platillos Voladores*, la gente del espacio no usa rangos para identificarse. Tampoco predicen nuestro futuro. (...) De modo que les advierto siempre que cuestionen seriamente cada mensaje, especialmente aquéllos que contienen predicciones del futuro."[84]

Como clave final, cuando un mensaje apela a deseos egoístas, tales como la obtención de un cierto estatus, incluso de progreso espiritual, podemos estar seguros que la fuente procede de un nivel similar. Por lo tanto Benjamin Creme sugiere que usemos nuestra intuición cuando tratemos de verificar el nivel en que se originó el mensaje: "La intuición procede del corazón y no tiene nada que ver con el principio del deseo que es astral y se origina en el plexo solar. Traten de notar la diferencia entre ambos..."[85]

Notas:

1 El Maestro de Benjamin Creme (1998), 'La Nueva Era está sobre nosotros'. Revista *Share Internacional*, edición inglés noviembre, p.3

2 Alice A. Bailey (1951), *Astrología Esoterica (Tratado sobre los Siete Rayos, III)*, edición ingles, pp.472-73

3 George Adamski (1984), *Dentro los Platillos Voladores*, edición inglés (1955) pp.94-95

4 Enrique Barrios (1986), *Ami, el Niño de las Estrellas*, edición inglés (1989) pp.36-37

5 Adamski (1984), op cit, pp.201-02

6 Howard Menger (1959), *From Outer Space to You*, p.47

7 Daniel Fry, (1954a), *[A Report By Alan] To Men of Earth*, in Fry (1966), *The White Sands Incident*, pp.77-78

8 Ibidem, pp.78-79

9 Barrios (1986), op cit, p.84

10 Adamski (1984), op cit, p.139

11 Fry (1954a), op cit, p.90

12 Ibid., op cit, p.91

13 Adamski (1984), op cit, pp.137-38

14 Fry (1954a), op cit, pp.73-74

15 Ibid., op cit, p.74

16 Adamski (1957-58), *Cosmic Science for the Promotion of Cosmic Principles and Truth* – Series No. 1, Part No.2, Pregunta #25

17 Fry (1954a), op cit, pp.75-76

18 Adamski (1957-58), op cit, Part No.2, Pregunta #23

19 Ibid., Part No.4, Pregunta #72

20 Peter Senge et al (2004), *Presence – Human Purpose and the Field of the Future*, p.14

21 Adamski (1984), op cit, pp.88-89

22 El Maestro de Benjamin Creme (2014), 'Problemas esperando acción'. Revista *Share Internacional*, edición inglés abril, p.3

23 Bailey (2000), *La Exteriorización de la Jerarquía*, edición inglés p.580

24 Stephen Leahy (2013), 'Building a better world, one block at a time'. Inter Press Service News Agency [online], el 8 de octubre. Disponible

en: <www.ipsnews.net/2013/10/building-a-better-world-one-block-at-a-time/>. [Consulta: 5 de agosto de 2015]

25 Fuente: www.transitionnetwork.org

26 Niels Bos (2014), 'Nuestro punto de vista cambiante de los -alimentos: de materia prima a bien común'. Revista *Share Internacional*, edición inglés Vol.33, No.4, mayo, pp.17-18, 20

27 Thiago Staibano Alves (2014), 'Empresas sin jefes – democracia en el trabajo'. Revista *Share Internacional*, edición ingles Vol.33, No.3, abril, pp.17-18

28 Fuente: www.johnlewispartnership.co.uk/

29 Fuente: PayScale. Ver www.payscale.com/data-packages/ceo-income [Accedido el 8 agosto 2015]

30 Paul Mason (2015), 'The end of capitalism has begun'. *The Guardian* [online], el 17 julio. Disponible en: <www.theguardian.com/books/2015/jul/17/postcapitalism-end-of-capitalism-begun>. [Consulta: 18 de julio de 2015]

31 Stefan Denaerde (1977), *Operation Survival Earth*, p.61

32 Tex Gunning (2011), 'Value Based Education'. Conferencia NIVOZ, el 13 octubre. Accesible en <hetkind.org/wp-content/uploads/2011/10/Value-Based-Education-lezing-Tex-Gunning-13-oktober-2011-NIVOZ.pdf>

33 Creme (2013), *Unidad en la Diversidad: El Camino Adelante para la Humanidad*, edición inglés (2012) p.82

34 Creme (2014), 'Preguntas y respuestas'. Revista *Share Internacional*, edición inglés Vol.33, No.5, junio, p.22

35 Barrios (1986), op cit, pp.99-100

36 Creme (2013), op cit, p.90

37 Bailey (2000), op cit, pp.580-81

38 Creme (2013), op cit, p.79

39 Creme (2013a), 'Preguntas y respuestas'. Revista *Share Internacional*, edición inglés Vol.32, No.10, diciembre, p.23

40 El Maestro de Benjamin Creme (2012), 'La Gran Decisión'. Revista *Share Internacional*, edición inglés enero/febrero, p.3

41 Adamski (1957-58), op cit, Part No.3, Pregunta #44

42 Adamski (1984), op cit, p.117

43 Adamski (1957-58), op cit, Part No.4, Pregunta #80

44 Adamski (1984), op cit, pp.239-40

45 Adamski (1957-58), op cit, Part No.3, Pregunta #49

46 Roberto Savio (2013), 'Switzerland Sets Example for Income Equality'. Inter Press Service News Agency [online], el 11 de marzo. Disponible en: <www.ipsnews.net/2013/03/switzerland-sets-example-for-income-equality/>. [Consulta: 5 de agosto de 2015]

47 Denaerde (1977), op cit, pp.114-15

48 Creme (2013), op cit, pp. 21-22
49 El Maestro de Benjamin Creme (1994), 'Servir otra vez'. Revista *Share Internacional*, edición inglés agosto, p.3
50 Denaerde (1977), op cit, p.132
51 Fry (1954a), op cit, p.84
52 Truman Bethurum (1954), *Aboard a Flying Saucer*, pp.74-75
53 Adamski (1957-58), op cit, Part No.2, Pregunta #39
54 Fry (1954a), op cit, p.92
55 Wilbert Smith (1969), *The Boys from Topside*, p.29
56 Ibid., p.28
57 Adamski (1984), op cit, p.93
58 El Maestro de Benjamin Creme (1999), 'El Proyecto del futuro'. Revista *Share Internacional*, edición inglés octubre, p.3
59 Creme (2010), *La Agrupación de las Fuerzas de la Luz – Ovnis y Su Misión Espiritual*, edición inglés p.37
60 Adamski (1984), op cit, p.100
61 Barrios (1986), op cit, p.87
62 Adamski (1984), op cit, p.184
63 Fry (1954a), op cit, pp.70-71
64 Adamski (1936), *Wisdom of the Masters of the Far East*, p.33
65 Fry (1954a), op cit, p.71

El mensaje y su fuente

66 Adamski (1984), op cit, p.222
67 Adamski (1965), *Answers to Questions Most Frequently Asked About the Space Visitors and Life on Other Planets* , p.15
68 Ibid., p.21
69 Aartsen (2010), *George Adamski – A Herald for the Space Brothers*, 2da edición 2012, pp.20-23
70 Creme (2002), *El Gran Acercamiento*, edición inglés p.76
71 Creme (1994), *La Misión de Maitreya's – Tomo II*, edición inglés pp.565-66
72 Adamski (1962), 'World Disturbances'. En: *Cosmic Science*, Vol.1, No.1, enero 1962, p.4
73 Adamski (1957-58), op cit, Part No.1, Pregunta #14
74 Adamski (1984), op cit, p.99
75 Barrios (1986), op cit, p.33
76 Ibid., p.99
77 Ibid., p.33
78 Adamski (1984), op cit, p.104
79 Menger (1959), op cit, p.37
80 Creme (2002), op cit, p.28

81 Bailey (1974), *La Reaparición de Cristo*, edición inglés p.74
82 Creme (2002), op cit, p.9
83 Adamski (1957-58), op cit, Part No.5, Pregunta #85
84 Ibid., Part No.1, Pregunta #15
85 Creme (2014), 'Preguntas y respuestas'. Revista *Share Internacional*, edición inglés Vol.33, No.2, marzo, p.26

Los planetas son salones de clase del Cosmos (pp.149-50)

a Eileen Buckle (1967), *The Scoriton Mystery – Did Adamski Return?*, pp.61-63
b Giorgio Dibitonto (1990), *Angels in Starships*, p.30
c Wendelle C. Stevens (1990), Prefacio en Dibitonto (1990), op cit
d Gennady Belimov (2004), 'Boriska – Boy from Mars'. *Pravda* [online], el 12 marzo. Disponible en: <web.archive.org/web/20040402081230/ english.pravda.ru/science/19/94/377/12257_Martian.html>. [Consulta: 14 de agosto de 2015]
e Creme (ed., 2005), 'Signs of the time'. Revista *Share Internacional*, edición inglés Vol.24, No.7, septiembre, p.16
f Ver, por ejemple, Creme (1994), *La Misión de Maitreya's – Tomo II*, edición inglés p.553; y (2010), *La Agrupación de las Fuerzas de la Luz – Ovnis y Su Misión Espiritual*, edición inglés p.40

Epílogo

En la cubierta de mi libro anterior resumí el mensaje general de acuerdo con lo transmitido por los contactados en la década del '50 y sus sucesores como: *"La Vida es uno, vive como uno, o te perderás..."* En este libro mostré cómo la gente del espacio nos ha dado un panorama de cómo han organizado ellos la vida en sus planetas como la expresión práctica de la Unidad de la cual todos los grandes Maestros de la humanidad testificaron, y que hemos ignorado para nuestro riesgo.

En *Aquí para ayudar* muestro cómo la presencia extraterrestre está íntimamente y básicamente vinculada con el próximo nivel de evolución de la conciencia humana, *Prioridades para un planeta en transición – Los Hermanos del Espacio por justicia y libertad* continúa donde termina el libro anterior y le presenta al lector una compilación de evidencias sin precedentes de que los visitantes del espacio no están solo para recordarnos respecto de la necesidad de que nos reconectemos con nuestro origen espiritual, sino que además nos han dejado numerosos ejemplos de cómo es posible organizar la vida de un modo diferente para el bienestar de todos y la paz duradera.

Lo que empezó como 'el movimiento de los platillos voladores' y evolucionó hacia la Ufología, ahora es denominado como 'Exopolítica' en un intento de otorgar crédito académico a un tópico que tanto ha sufrido el secreto y la desinformación.

La definición más simple de 'exopolítica' es algo así como: "El estudio de los actores políticos, los procesos y las instituciones asociadas con la vida extraterrestre" para dar lugar a la existencia de las diversas y divergentes teorías respectos de las intenciones de los visitantes del espacio. Para algunos esta definición presupone la existencia de vida extraterrestre, para otros, sólo supone su posibilidad.

Sin embargo, el conjunto de evidencias que hemos visto en este libro y su pertinencia respecto de la situación del mundo actual, nos permitiría intentar una definición mucho más práctica del término que se remonta a su significado original y toma en cuenta el significado de prefijo y sufijo por separado con 'exo' significando 'de fuera' y 'política' significando 'asuntos que conciernen al estado o a sus ciudadanos':

Exopolítica – Gente de otros planetas que muestran una humanidad alternativa, formas más saludables de organizar la sociedad, sin imponer sus puntos de vista.

Esta definición brinda al concepto de 'exopolítica' un lugar indispensable y ubica sólidamente la presencia extraterrestre en la Tierra en el contexto de la crisis que la humanidad enfrenta hoy día: política, económica, financiera, social y medioambiental.

En mi libro anterior hice alusión a las implicaciones socioeconómicas de la expresión de nuestra Unicidad con uno y con Todos. La cantidad de información que los Hermanos del Espacio han compartido con nosotros en ese sentido, que van desde comentarios que surgen aparentemente como fruto de la casualidad a una exposición de dos días de la organización social y económica de sus planetas como también a la propia visita a los mismos, es realmente asombrosa. Nos presentan un panorama exhaustivo de cómo se ha organizado la vida en sus planetas en forma sustentable, con libertad y justicia para todos.

De este modo nos proporcionan un ejemplo imprescindible y esperanzador de cómo podría ser con nosotros.

APÉNDICES

I. El método de investigación: una síntesis crítica

Dado que la historia de la era moderna de los Ovnis que comienza tras la Segunda Guerra Mundial, está cargada de encubrimientos, desinformación, teorías conspirativas, diversas formas de manipular la atención, casi nadie sabe a qué fuente informativa creerle o tomar en serio. Como consecuencia, a pesar de la gran cantidad de evidencia, de los incontables avistamientos, y un tesoro completo de testimonios directos, la mayoría de la gente –y muy especialmente los medios masivos de comunicación– no toma en serio el tema de los visitantes del espacio.

Seguramente esta mayoría tomará como irrefutables los hechos revelados, pero para aquéllos que suelen bregar por la identificación de información auténtica yo sostengo que no hay necesidad de "creer". Hay un camino viable para diferenciar hechos reales de hechos de ficción o bien del engaño deliberado. Debido a la naturaleza de la presencia extraterrestre al día de hoy, este camino no es tan directo como tomar medidas y compilar y analizar la información así obtenida. La mayoría de las experiencias y de las afirmaciones son subjetivas e imposibles de reeditar.

En el Evangelio según Mateo leemos: "Busca y encontrarás." Lamentablemente Mateo olvidó agregar que lo que hallemos dependerá como de costumbre, de aquello que busquemos. Por lo tanto si el investigador en cuestión busca aquella información que afirma que la presencia extraterrestre es una amenaza, encontrará corroboración de lo que busca aun cuando haya montones de otras pruebas que demuestran lo contrario. En estas circunstancias ¿cómo decidimos a quién o qué creer?

En su "kit para detectar tonteras" el querido Carl Sagan dijo: "Si aquello que estás explicando lleva alguna medida, alguna cantidad numérica pegada, tendrás ventajas para discriminar entre hipótesis rivales. Aquello que es vago y cualitativo está abierto a muchas explicaciones. Hay verdades a ser buscadas en muchos problemas cualitativos que nos vemos obligados a confrontar, pero encontrar *los* es mucho más estimulante."[1] El desafío entonces es trazar un modo de abordar la investigación cualitativa en este campo para definir qué es lo que no se puede medir o reducir a métodos cuantitativos.

Hacia finales de la década de 1950 el ingeniero e investigador Wilbert Smith informó: "En varias ocasiones, gente que merece nuestra confianza informó que habían visto a seres tripulando estas naves y dijeron que eran iguales a nosotros. Hay una cantidad de contactos entre esta gente de la Tierra y los de algún otro lugar que han sido comunicados (...) y el resultado de estos contactos han sido consistentes y esclarecedores."[2] En un artículo de 1958 describió su investigación como sigue: "El procedimiento seguido para verificar los contactos fue hacerles una serie de preguntas innocuas pero significativas y comparar sus respuestas con las respuestas de otros contactos. Las preguntas eran por ejemplo: ¿Hay gente viviendo en Marte? Si es así ¿cómo son sus casas, qué forma tienen? ¿Usan papel moneda, allá? ¿Cómo es? Había más de cien preguntas por el estilo. Los resultados fueron espectaculares y no exagero. Entre los contactos que podrían clasificarse de auténticos había un acuerdo casi total. Entre el resto de los supuestos contactos, la coincidencia era escasa o decididamente no existía. Claro que cuando el acuerdo era amplio pero no coincidían en uno o dos puntos, se hizo un esfuerzo por encontrar el motivo de la discrepancia. En cada caso se encontró que alguno había introducido un comentario terrestre, o alguna idea de ese tenor, frecuentemente de naturaleza religiosa, en vez de transmitir en forma fidedigna lo que había recibido."[3]

El método de investigación es similar al procedimiento descripto por Wilbert Smith y ayuda a cernir los testimonios confrontándolos con los de otras fuentes independientes, de modo de obtener la información necesaria para poder confrontarla ante tanta desinformación e ignorancia.

Dada la cantidad de teorías contrapuestas es indispensable establecer algún criterio básico que sirva como parámetro o piedra angular contra el cual verificar la validez de los contactos extraterrestres – ya sean voluntarios o involuntarios. Para llevar esto a cabo buscaremos los hechos desde una posición neutral respecto de si los visitantes del espacio son benignos, opresores, o quizá ambas cosas. Esto porque debido a la existencia de información contradictoria, mucha gente no sabe a qué atenerse. Y como la desinformación es uno de los obstáculos mayores para definir qué es verdad, el punto de inicio necesario son aquellas comunicaciones de las que estamos totalmente confiados en que *no* están contaminadas por la desinformación, la mala interpretación y la manipulación. El hecho de que sean muchas y que se originan en diversas partes del mundo, garantiza que nuestro criterio es universal, aplicable y confiable.

1. Consideraciones históricas

Como son tantas las hipótesis sobre la presencia extraterrestre, es preciso comenzar nuestra investigación desde el principio de la historia moderna de la era OVNI, con un buen número de avistamientos por parte de aviadores de la Segunda Guerra Mundial quienes denominaron a estas naves "foo fighters" ['luchador foo']: el avistamiento de Kenneth Arnold en junio de 1947, y el choque de un platillo (que algunos dirán 'supuesto') cerca de Roswell en julio de 1947. También las experiencias de los contactados a principios de 1950 que acarreasen a una masiva histeria de la atención pública en todo el mundo. Acerca de la hipótesis de que estas naves pudiesen tener un origen terrestre, Desmond Leslie argumentó con su inimitable humor: "...la única objeción a la 'Teoría de Poder Alien [o sea *enemigo*]' es que estos platillos han estado sobrevolando el mundo (amigo y enemigo) por bastante tiempo. Las investigaciones demuestran que fueron vistos en gran número por astrónomos eminentes mucho tiempo antes que los Hermanos Wright hiciesen su primer vuelo exitoso. En cuyo caso aquél país que los tuviese en su poder ha de tener una naturaleza muy pacífica, porque podría haber conquistado el mundo en una noche en el momento que se le ocurriese hacerlo."[4]

Es notable que estos primeros avistamientos y experiencias fuesen, ya sea, o neutrales o decididamente amigables. Cosa que es ratificada por el hecho de que no hubiese queja alguna de los aviadores respecto de agresiones, o por parte de los primeros contactados noticia de 'abducciones'.

Si nos visita gente por fuera de la Tierra ya sea con buenas o malas intenciones, no hay razón alguna para pensar que no pudiesen haber ocurrido de una u otra manera en los primeros contactos informados.

2. Consideraciones sociales

Los contactados en primer lugar, aquéllos que comenzaron a ser conocidos por el público a principios de 1950, fueron personas con poca o ninguna educación formal, carentes además de un estatus particular como Buck Nelson, Truman Bethurum, Orfeo Angelucci, y George Adamski. Más adelante empezaron a llegar informaciones –que fueron publicadas– de gente con niveles de educación más altos como Daniel Fry, Wilbert Smith y Dino Kraspedon. Ahora en 2015 tenemos noticia de informes de gente del ámbito militar, astronáutico, científico e incluso del gobierno tales como diplomáticos que atestiguan, basados en su experiencia personal, de las intenciones amigables de los visitantes. No hay informe alguno de estos personajes de haber sido 'abducido' o de haber sido objeto de atrocidades como en ocasiones se le adscriben a los visitantes.

Si somos visitados por extraterrestres ya sea con buenas o malas intenciones, no hay motivo para pensar que un tipo de contacto le ocurre a un sector de la sociedad, y a otro no.

3. Consideraciones políticas

Cuando los primeros contactos fueron informados el mundo estaba profundamente dividido –Oeste vs. Este– y bajo una fuerte amenaza de aniquilación nuclear. A muchos de los contactados se les pidió que alertasen al mundo sobre estos peligros y que enfatizasen la necesidad de la cooperación entre las naciones para evitar el desastre. También se les ofreció su ayuda tecnológica si la humanidad se decidiese por la abolición de la tecnología nuclear. (Adamski, en algún momento coautor con Desmond Leslie, estaba entre los primeros miembros de la Campaña por el Desarme Nuclear (CDN) en el Reino Unido.[5] Como había un interés masivo del público mundial respecto de este mensaje esperanzador de paz y hermandad en el que estaban seriamente involucrados, las instituciones políticas, militares y corporativas comenzaron una campaña de desinformación para asustar y confundir al público.[6] Contactados posteriores como Giorgio Dibitonto, cuando sus experiencias en 1980[7] también recibieron severas advertencias respecto de los peligros entrañados por la tecnología nuclear.

Del mismo modo las informaciones de los primeros contactados coinciden en un 100% con el consenso político respecto de las acciones urgentes a ser tomadas para resolver los problemas de la Tierra y prevenir una catástrofe, como lo expresa la Comisión Brandt (ver página 110).

Si somos visitados por extraterrestres tanto con buenas como malas intenciones, deberíamos contar con informaciones –de

auténticos contactados– no sólo promoviendo la cooperación, la justicia y la paz, sino también lo contrario. Y del mismo modo, ofrecimientos de ayuda tecnológica para la destrucción, en todo tiempo, desde los contactados en 1950.

4. <u>Consideraciones espirituales</u>

Tanto los mensajes como la información procedente de los primeros contactados como así también de los últimos, están imbuidos con las mismas nociones de respeto por el libre albedrío de la humanidad, la expansión de la consciencia y la Regla de Oro como la encontramos en la Sabiduría Eterna de la Tierra. Y en algún grado las religiones mayores de la Tierra también comparten las últimas dos.

Si estamos siendo visitados por extraterrestres tanto buenos como malos, deberíamos tener información de filosofías de vida o enseñanzas de contactos auténticos no sólo coincidentes con las tradiciones, las religiones y las sabidurías compartidas, sino también con enseñanzas o perspectivas de vida opuestas.

Habiendo establecido estos hechos, ahora podemos usarlos como criterio para evaluar si superan las pruebas de estas consideraciones históricas, sociales, políticas y espirituales sin las cuales, se contradeciría la evidencia, la lógica y el sentido común. Si las informaciones de los contactos no se ajustasen a los criterios establecidos deberíamos indagar por evidencia en el sentido contrario o tratar de encontrar explicaciones alternativas.

Tomemos como ejemplo las imputaciones por 'abducción' y veamos cómo se sostienen ante los hechos que hemos establecido. (1) Ninguno de los contactados en un primer momento han informado que fuesen llevados contra su voluntad, o que se haya violado su integridad (física) en ningún sentido, como no fuese un rasguño o quemadura fortuita debido a la falta de familiaridad con la nave.

(2) No se conoce que ningún oficial o funcionario que haya contado experiencias personales, haya incluido algo así como 'abducciones' o haber sido objeto de 'experimentos'.

(3) No hay información de gente que haya dicho que se le hubiese aconsejado una guerra nuclear como una opción.

(4) No hay testimonios de gente que haya sido contactada a la que se le hubiesen ofrecido detalles o conocimientos de una perspectiva de vida 'materialista' o bien 'egoísta', como por ejemplo una filosofía nazi.

Como pese a que las denuncias de 'abducción' no se sostienen ante la indagación con nuestro criterio de autenticidad, sigue habiendo miles de comunicaciones en ese sentido, tenemos que establecer si existe alguna alternativa válida que explique semejantes experiencias. De hecho hay por lo menos cuatro explicaciones posibles:

a) Primero que nada, mucha gente que dice haber sido 'abducida' puede estar empleando este término simplemente en forma sensacionalista para relatar una experiencia de contacto frecuente.

b) Dado que hay evidencia documentada de intereses creados para asustar y confundir al público sobre la presencia extraterrestre, las experiencias de 'abducción' pueden haber sido montadas por operativos secretos. De hecho, los investigadores encontraron evidencia de 'presupuestos negros' que pudieron emplearse para montar estas falsas experiencias, y en 2006 Steven Greer sostuvo que muchos testigos han declarado respecto de esas actividades[8] muchas veces denominadas como MILABS (abducciones militares) y Proyectos Especiales de Acceso no Reconocido (USAPs). Implantando o borrando memoria por medio de drogas, hipnosis o una combinación de ambas, este ha sido un aspecto de la guerra psicológica durante muchas décadas.

c) Con el tiempo se fue creando una forma poderosa de pensamiento masivo amasada con los sueños y los temores de la humanidad. Debido a que la mayoría de la gente está astralmente polarizada (esto es, en el plexo solar), se le da fácil acceso a esta forma de pensamiento durante el día (ver páginas 155-59) y la gente se convence de que sus experiencias son reales. El modo puede variar desde recibir 'guía' de los 'arcángeles' hasta 'ser abducido por aliens' o peor y cualquier cosa en el medio.

d)   Aquéllos que sostienen haber sido 'abducidos' pueden haber experimentado semejante cosa como resultado de una imaginación (astral) hiperactiva por un sinnúmero de razones psicológicas. Hay muchos casos registrados de 'experiencias' que se contagian o de gente que se duerme o cae enferma sin ningún motivo aparente, o ve o escucha cosas. Como dijera George Adamski una vez respecto de esas experiencias: "Para ellos es verdad... pero así son los soñadores y los sueños."[9]

Veamos ahora si podemos poner a prueba nuestros parámetros con un ejemplo que vaya más allá del contacto personal, por ejemplo los (reclamos) que gobiernos u otros poderes mayores en la Tierra han logrado ingeniería antigravedad y otras tecnologías similares en complicidad con malvados 'alienígenas' a los que mantienen en secreto empleándolos para controlar la humanidad y el planeta – según algunas especulaciones, operando desde bases asentadas en la luna y en Marte. (Hay mucha gente que está convencida de que esto es lo que está ocurriendo, y tal vez sería conveniente que algunos atendiesen a la absoluta falta de lógica de semejantes suposiciones.) Hemos de aplicar nuestros cuatro parámetros como lo hicimos anteriormente.

(1) Históricamente los contactados han establecido, casi sin excepción, de que se precisa cierto nivel de desarrollo moral, que se precisa haber alcanzado cierta etapa de evolución de la conciencia antes que una raza planetaria sea capaz (o incluso antes que se le permita) desarrollar la tecnología necesaria para viajar por el sistema solar. Sin ese desarrollo moral, aquéllos avances en la tecnología

que superen cierto punto, habrán de volverse contra la propia raza. A saber, después de un período de paralización, hoy estamos nuevamente enfrentando los peligros del avance tecnológico a la par de una carencia de una ética básica en la Tierra.

(2) Pretensiones como estas suelen estar sostenidas en testimonios de gente que pretende haber estado trabajando en bases secretas, supuestamente en cooperación con extraterrestres. Teniendo en cuenta lo lejos que tanto los gobiernos como los militares han ido en procura de confundir y asustar al público, es imposible saber en qué medida sus experiencias pertenecen a memorias verdaderas sobre hechos o implantas, o tal vez también mezcladas con información errónea.

Ahí está también las palabras tan citadas del fallecido ingeniero del Proyecto Lockheed Skunk Works, Ben Rich: "Ahora disponemos de la tecnología como para traer a casa a ET". Pero el historiador de la aviación militar Peter Merlin, que asistió a muchas de sus charlas, explica que esa afirmación no fue más que una deformación de un exitoso lema que Rich usase al final de sus charlas desde 1983: A los Skunk Works se les ha asignado la tarea de traer [al personaje de la película] a ET de vuelta a casa."[10] (Ver también las afirmaciones del astronauta Dr. Edgar Mitchell y del esoterista Benjamin Creme a este respecto en páginas 38-39)

(3) En lo que respecta al criterio político que aquí respaldamos, todas las formas que pretendan afirmar la existencia de tecnologías secretas para controlar el planeta son ilógicas. Ya desde el momento en que la misma elite que supone tener el (control) de estos secretos ya posee la mayor parte del planeta y sus recursos.

(4) Resulta evidente que la raza humana, y por cierto la elite que supone tiene los medios para viajar por el sistema solar, no ha alcanzado aún el punto de evolución necesario para hacerlo (ver 1).

Para muchos lectores el término 'análisis crítico' como evaluación analítica de una idea o de un texto y su validez ha de resultarle conocido. Un análisis responde cuestiones respecto del autor, la naturaleza del trabajo que se está considerando, su tesis, cómo vincula los diferentes aspectos y materiales que aluden al mismo tema, su evidencia etcétera, todo lo cual arriba a una conclusión.

Verificando los contactos de diversos autores contra el criterio establecido más arriba, podemos reunir aquellos datos que justifican las correspondencias con fuentes históricas y su corroboración con las fuentes independientes obtenidas en diferentes momentos, de personas pertenecientes a diversas clases sociales, diferentes entornos y conocimientos, tanto científica como militar, política, religiosa y las enseñanzas esotéricas.

Hasta tanto continuemos con los archivos clasificados por los gobiernos y los militares seguiremos sin evidencia concreta, más aún cuando los Hermanos del Espacio se esfuerzan por respetar nuestro libre albedrío y la libertad de pensamiento. No obstante como se basa en una investigación realizada en base a testimonios de primera mano, este método nos proporciona los cuatro criterios que nos permite poner a prueba todo contacto desde 1950.

1) **El criterio histórico:** Los contactos auténticos coinciden con la naturaleza benigna de los contactos originales.
2) **El criterio social:** Los contactos auténticos ocurren en cualquier estrato social.
3) **El criterio político:** Los contactos auténticos promueven relaciones humanas correctas de cooperación, justicia, libertad y paz, y cuidado del medio ambiente.
4) **El criterio espiritual:** Los contactos auténticos respetan el libre albedrío de la humanidad, el crecimiento de la conciencia y la Regla de Oro.

Sintetizando la información que hemos examinado de este modo, emerge ante nuestra vista una imagen vívida no sólo de la vida en otros planetas pero, lo más importante, de cómo podemos emplear los ejemplos que hemos comentado en nuestro beneficio, de modo de asegurarnos una vida próspera y un futuro en paz para todos. Los lectores también encontrarán que este modo de abordaje deja al descubierto los relatos de "aliens" aterrorizando a los seres humanos como simples variantes de los demonios que el libro de Carl Sagan *El mundo y sus demonios* tuvo la misión de borrar con medios cuantitativos.

Tomando la pre-desinformación como la norma, este método de investigación también incorpora la lógica y el sentido común, y va más allá del mismo (parafraseado): "Quiero creer... lo que sea" con el que, en mi opinión, no es ninguna garantía de ser una mente abierta, sino de ser simplemente acrítico (carente de criterio) e ignora las piedras de toque para validar los argumentos propios, que nosotros tenemos.

Aquellos que buscan argumentos con los que confirmar sus temores, los habrán de encontrar a raudales. Pero los lectores, que están buscando por una forma válida y verificable de información, que desde el principio nos ha buscado para que formemos parte activa en la solución de esta crisis que la humanidad está cruzando en estos momentos, y que por lo tanto inspira esperanza en el futuro, estará ahora habilitada para la investigación cualitativa que pone fin a la desinformación, la mala información y la especulación.

Notas

1 Carl Sagan (2017), *El mundo y sus demonios*, edición inglés (1997) pp.196-97

2 Wilbert Smith (1969), *The Boys from Topside*, p.21

3 Smith (1958), 'Why I believe in the Reality of Spacecraft'. *Flying Saucer Review*, Vol.4, No.6, noviembre-diciembre, p.9

4 Desmond Leslie (1955), 'Astronomy and Space-Men', *Flying Saucer Review*, Vol.1, No.3, julio-agosto, p.23

5 Robert O'Byrne (2010), *Desmond Leslie (1921-2001) – The Biography of an Irish Gentleman*, p.102

6   Ver Gerard Aartsen (2011), *Here to Help: UFOs and the Space Brothers*, capítulo 2, y el volumen actual, pp.10-11

7   Ver Giorgio Dibitonto (1990), *Angels in Starships.*

8   Steven Greer (2006), 'The Disclosure Project, [online] el 2 de maio. Disponible en: <www.disclosureproject.org/docs/pdf/ExopoliticsOr Xenopolitics.pdf> [Consulta: 11 de julio de 2015]

9   George Adamski (1957-58), *Cosmic Science for the Promotion of Cosmic Principles and Truth*, Series No.1, Part No.5, Pregunta #88

10 Peter R. Merlin (2013), 'Taking ET home: The birth of a modern myth'. *SUNlite*, Vol.5, No.6, noviembre-diciembre, pp.17-19. [Consulta: 7 de abril de 2015]

II. El Regla de Oro
(La Ley de la Inofensividad)

Tal como se expresa en las diferentes tradiciones religiosas.

Baha'i
"No le cargues a alma alguna aquél peso que no desearías que te cargasen a ti, y no desees para nadie las cosas que no desearías para ti mismo." *–Baha'u'llah, Espigas.*

Budismo
"No trates a nadie del modo que para vos sería dañino" *–Gautama Buddha, Udana – Varga 5:18*

Confucianismo
"No le hagas a otro aquello que no quieres que te hagan a ti." *–Confucio, Analectas 15.23*

Cristianismo
"Entonces haz a los hombres todo lo que desees que los hombres te hagan a ti: porque esta es la ley y los profetas." *–Jesús, Mateo 7:12*

Hinduismo
"Uno no debiera jamás hacerle al otro lo que consideraría injurioso que le hiciesen a él. Esta es en síntesis, la regla de lo Correcto." *–Mahabharata, Anusasana Parva 113.8*

Islam
"Ninguno entre ustedes es un verdadero creyente hasta que desee para sus hermanos lo que desea para sí." *–el Profeta Muhammad, Cuarenta Hadita de an-Nawawi 13*

Jainismo
"Uno debiera tratar a todas las criaturas del mundo como desearía ser tratado." *–Mahavira, Sutrakritanga 1.11.33*

Judaísmo
"Aquello que a ti te resulta odioso, no se lo hagas a tu vecino. Esta es toda la Ley; lo demás son comentarios." *–Hill el, Talmud, Sabbat 31ª*

Americanos nativos
"No dañes ni odies a tu vecino. No es a él a quien dañas, sino a ti mismo." *–Proverbio Pima*

Siquismo
"No soy diferente a nadie, y nadie es diferente a mí.
De todos soy amigo." *–Gurú Ganth Sahib, p.1299*

Taoísmo
"Considera la ganancia del otro como tuya, y su pérdida como tu pérdida." *–Thai Zhang Kan Ying P'ien, 213-218*

Wicca
"Si a nadie daña, haz lo que desees." *–Consejo Wicca*

Zoroastrismo
"Si algo te resulta desagradable, no se lo hagas a otros."
–Shayast-na-Shayast 13:29

Fuentas y referencias

BBC London, ' "UFO" spotted over London 2012 site', el 10 de noviembre de 2009

Der Bund, 'Es leuchtete und schwebte über das Weserstadion', el 9 de enero de 2014

Castanet website, 'Castanet's UFO? video', el 13 de agosto de 2014

China.org.cn, 'Second UFO seen over Chongqing', el 16 de julio de 2010

CrypticMedia, 'UFO Over Chicago O'Hare', el 30 de agosto de 2007

English Eastday, 'Mystery of glowing white ball in the sky', el 23 de agosto de 2011

The Guardian, 'Unbridled capitalism is the "dung of the devil", says Pope Francis', el 10 de julio de 2015

InfoBAE.com, 'Misterio "cósmico" en San Lorenzo: ¿un OVNI sobrevoló el "Nuevo Gasómetro"?', el 22 de abril de 2014

Oxfam, 'Richest 1% will own more than all the rest by 2016', 19 January 2015

The Siberian Times, 'So did a UFO shoot down the famous Chelyabinsk meteorite last month?', 28 de febrero de 2013

The Sydney Morning Herald, 'Bright lights on dwarf planet Ceres perplex NASA scientists', el 27 de febrero de 2015

Tazi Sutrin, BTV, interview with Lachezar Filipov, Bulgaria, octubre de 2012

The Telegraph, 'Aliens "already exist on earth", Bulgarian scientists claim', el 26 de noviembre de 2009

Todas Noticias, 'Viralísimo: el mundo habla de un "ovni" que apareció al aire en TN', el 6 de marzo de 2015

Trading Economics, 'Spain Youth Unemployment Rate', el 14 de abril de 2014

UFO Evidence, 'Two children encounter UFO and small humanoid beings in Cussac, France', s.f.

UFO Sightings Hotspot blog, 'Huge UFO spotted on SOHO image', el 1 de marzo de 2015

United Nations Organisation, 'Declaración Universal de Derechos Humanos', 1948

The White House Office of the Press Secretary, 'President Barack Obama's State of the Union Address', el 28 de enero de 2014

Wikipedia, 'James E. McDonald', s.f.

World Economic Forum, *Outlook on the Global Agenda 2014,* Chapter 2, 'Widening income disparities', 2014

Gerard Aartsen. 'End the UFO/ET disclosure nonsense!' (Países Bajos, Amsterdam: BGA Publications video YouTube, 2015)

Gerard Aartsen. *George Adamski – A Herald for the Space Brothers*. (Países Bajos, Amsterdam: BGA Publications, 2010)

Gerard Aartsen. *Here to Help: UFOs and the Space Brothers*. (Países Bajos, Amsterdam: BGA Publications, 2011), 2da edición, 2012

Gerard Aartsen. *Our Elder Brothers Return – A History in Books*. (Países Bajos, Amsterdam: BGA Publications, 2008); publicado online en www.biblioteca-ga.info

George Adamski. *Answers to Questions Most Frequently Asked About Our Space Visitors and Other Planets*. (EE UU, Palomar Gardens, CA: G. Adamski, 1965)

George Adamski. *Cosmic Bulletin*. (EE UU, Valley Center, CA: The Adamski Foundation, 1965)

George Adamski. *Cosmic Science for the Promotion of Cosmic Principles and Truths*. (EE UU, Valley Center, CA: Cosmic Science, 1957-58)

George Adamski. *Flying Saucers Farewell*. (EE UU, New York, NY: Abelard-Schuman, 1961)

George Adamski. *Dentro de los Platillos Voladores*. (Mexico, Mexico City: Editiorial Posada, 1984)

George Adamski. 'The Space People' (1964). In: Gerard Aartsen, *George Adamski – A Herald for the Space Brothers*, 2010

George Adamski. *Special Report: My Trip to the Twelve Counsellors' Meeting That Took Place on Saturn, March 27-30, 1962*. (EE UU, Vista, CA: Science of Life, 1962)

George Adamski. *Wisdom of the Masters of the Far East*. Facsimile reprint (EE UU, CA, Mokelumne Hill: Health Research, 1974)

George Adamski. 'World Disturbances'. In: *Cosmic Science*, Vol.1, No.1, January 1962

Stéphane Allix (dir). *Experiencers*. (Francia: 13E Rue, 2011)

Thiago Staibano Alves. 'Business without bosses – democracy in the workplace'. Revista *Share Internacional*, Vol.33, No.3, abril de 2014

Orfeo Angelucci. *The Secret of the Saucers*. (EE UU, Amherst, WI: The Amherst Press, 1955)

Alice A. Bailey. *La Exteriorización de la Jerarquía*. (España: Editorial Sirio, 2000)

Alice A. Bailey. *La Reaparición de Cristo*. (España: Ed. Kier, 1974)

Alice A. Bailey. *Astrología Esoterica (Tratado sobre los Siete Rayos, III*. (España: Fundación Lucis, 2013)

Alice A. Bailey. *La Curación Esotérica (Tratado sobre los Siete Rayos, IV)*. (Editorial Sirio, 2001)

Eliza Barclay. 'More cities are making it illegal to hand out food to the homeless'. NPR *The Salt*, el 22 de octubre de 2014

Enrique Barrios. *Ami, el Niño de las Estrellas*. (Chile: Errepar, 1986)

Gennady Belimov. 'Boriska – Boy from Mars'. *Pravda*, el 12 de marzo de 2004

Truman Bethurum. *Aboard a Flying Saucer*. (EE UU, Los Angeles, CA: DeVorss & Co., 1954)

Willy Brandt (ed). *Diálogo Norte-Sur – Informe de la Comisión Brandt*. (Mexico: Editorial Nueva Imagen, 1981)

Niels Bos. 'Our changing view of food: from commodity to commons'. Revista *Share Internacional*, Vol.33, No.4, maio de 2014

Stefano Breccia. *Mass Contacts*. (Reino Unido, Milton Keynes: AuthorHouse, 2009)

Eileen Buckle. *The Scoriton Mystery – Did Adamski Return?* (Reino Unido, London: Neville Spearman, 1967)

Andrew Buncombe. 'US Presidential aide John Podesta says biggest regret is not securing release of government records about UFOs'. *The Independent*, el 16 febrero de 2015

Norman Byrd. 'UFO caught "monitoring" International Space Station on live camera'. Examiner.com, el 9 octubre de 2014

Joseph A. Califano Jr. 'What Was Really Great About The Great Society – The truth behind the conservative myths', *The Washington Monthly*, October 1999

Robert Chapman. *UFO – Flying Saucers over Britain?* (UK, Frogmore, St Albans, Herts: Mayflower Books Ltd, 1972), reimpresión de 1974

Stephen Coan. 'The day the aliens landed'. *The Witness*, el 16 de abril de 2008

Steve Connor. 'The galaxy collisions that shed light on unseen parallel Universe'. *The Independent*, el 26 de marzo de 2015

David Crary and Lisa Leff. 'Number of Homeless Children in America Surges to All-Time High: Report'. *The Huffington Post*, el 17 de noviembre de 2014

Benjamin Creme. *El Arte de Cooperación*. (España, Barcelona: Share Ediciones, 2003)

Benjamin Creme. *La Agrupación de las Fuerzas de la Luz: Ovnis y Su Misión Espiritual*. (España, Barcelona: Share Ediciones, 2010)

Benjamin Creme. *El Gran Acercamiento*. (España, Barcelona: Share Ediciones, 2002)

Benjamin Creme. *La Misión de Maitreya's – Tomo II*. (España, Barcelona: Share Ediciones, 1994)

Benjamin Creme. *La Misión de Maitreya's – Tomo III*. (España, Barcelona: Share Ediciones, 1998)

Benjamin Creme. *La Reaparición del Cristo y los Maestros de Sabiduría*. (España, Barcelona: Share Ediciones, 1994)

Benjamin Creme. *Unidad en la Diversidad: El Camino Adelante para la Humanidad,*. (España, Barcelona: Share Ediciones, 2013)

Benjamin Creme (ed). *Un Maestro habla*, 3a edición inglés ampliada. (España, Barcelona: Share Ediciones, 1995)

Benjamin Creme (ed). *Las Enseñanzas de Maitreya: Las Leyes de la Vida.* (España, Barcelona: Share Ediciones, 2005)

Benjamin Creme (ed). *Mensajes de Maitreya el Cristo.* (España, Barcelona: Share Ediciones, 1994)

Benjamin Creme (ed). Revista *Share Internacional* Vol.8, No.3, abril 1989; Vol.22, No.5, maio 2003; Vol.24, No.7, septiembre 2005; Vol.26, No.1, enero/febrero 2007; Vol.28, No.1, enero/febrero 2009; Vol.28, No.11, noviembre 2009; Vol.30, No.8, octubre 2011; Vol.31, No.7, septiembre 2012; Vol.32, No.3, abril 2013; Vol.32, No.7, septiembre 2013; Vol.32, No.10, diciembre 2013; Vol.33, No.2, marzo 2014; Vol.33, No.5, junio 2014; Vol.33, No.6, julio/agosto 2014

Stefan Denaerde. *Contact from Planet Iarga.* (EE UU, Tucson, AZ: UFO Photo Archives, 1982)

Stefan Denaerde. *Operation Survival Earth.* (EE UU, New York, NY: Simon & Schuster Pocket Books, 1977)

Giorgio Dibitonto. *Angels in Starships.* (EE UU, Phoenix, AZ: UFO Photo Archives, 1990)

Christopher Donato. '90-Year-old man charged with feeding the homeless says he won't give up'. ABC News, el 6 de noviembre 2014

Natalie Evans. 'UF-Olympics? "Alien spacecraft" caught on camera over the London 2012 opening ceremony'. *Daily Mirror*, el 31 de julio de 2012

Siobhan Fenton. 'Welfare cuts: Statistics watchdog urges Government to release clear information on benefits sanctions'. *The Independent*, el 8 de agosto 2015

Carlos Fredo. 'OVNI sobre el volcán Popocatépetl, octubre 2012'. StarMedia, el 2 de noviembre de 2012

Daniel Fry. *Alan's Message: To Men of Earth* (1954). As reprinted in: Daniel Fry. *The White Sands Incident.* (EE UU, Louisville, KY: Best Books Inc, 1966)

Daniel Fry. *The White Sands Incident.* (EE UU, Los Angeles, CA: New Age Publishing, 1954)

Amelia Gentleman. ' "No one should die penniless and alone": the victims of Britain's harsh welfare sanctions'. *The Guardian*, el 3 de agoso det 2014

Waveney Girvan. 'The Adamski Photographs – an open challenge'. *Flying Saucer Review*, Vol 6, No.2, marzo-abril 1960

Waveney Girvan. Letter to the Editor, *The Observer*, el 25 de octubre de 1955

Timothy Good. *Alien Base – Earth's Encounters with Extraterrestrials.* (Reino Unido, Londres: Century, 1998)

Timothy Good. *Unearthly Disclosure.* (Reino Unido, Londres: Century, 2000)

Steven Greer, M.D. 'Exopolitics or Xenopolitics'. The Disclosure Project, el 2 de maio de 2006

Tex Gunning. 'Value Based Education'. (Países Bajos, Driebergen: NIVOZ lecture, el 13 de octubre de 2011)

Paola Leopizzi Harris. *Connecting the Dots... Making Sense Of The UFO Phenomenon.* (EE UU, Bloomingdale, IN: AuthorHouse, 2008)

Michael Hesemann (dir). *UFOs: The Contacts – The Pioneers of Space.* (Alemania, Dusseldorf: 2000 Film Productions, 1996)

Jon Hilkevitch. 'In the sky! A bird? A plane? A ... UFO?'. *Chicago Tribune,* el 7 de enero de 2007

Cynthia Hind. 'The Children of Ariel School'. *UFO AfriNews,* No.11, febrero de 1995

Cynthia Hind. *UFOs – African Encounters.* (Zimbabue, Salisbury: Gemini, 1982)

Owen Jones. 'It's socialism for the rich and capitalism for the rest of us in Britain'. *The Guardian,* el 29 de agosto de 2014

Rosie Jones (dir.), *Westall '66: A Suburban UFO Mystery.* (Australia: Screen Australia, Film Victoria, Endangered Pictures, 2010)

Alfie Kohn. 'Caring Kids – The Role of Schools'. *Phi Delta Kappan,* marzo de 1991

Dino Kraspedon. *My Contact With Flying Saucers.* (EE UU, New York, NY: The Citadel Press, 1959)

Stephen Leahy. 'Building a better world, one block at a time'. Inter Press Service News Agency, el 8 de octubre de 2013

Desmond Leslie. 'Astronomy and Space-Men'. *Flying Saucer Review,* Vol.1, No.3, julio-agosto de 1955

Desmond Leslie. 'Prologo'. En: Adamski. *Dentro de los Platillos Voladores* (Mexico, Mexico City: Editiorial Posada, 1984)

Desmond Leslie y George Adamski. *Atterizaje de Platillos Voladores,* edición inglés revisada y ampliada (Reino Unido, Londres: Neville Spearman, 1970)

Nick Margerrison. Entrevista con Dr. Edgar Mitchell en *The Night Before.* (Reino Unido, Peterborough: Kerrang! Radio el 23 de julio de 2008)

Roger Marsh. '1966: Michigan children discover landed UFO in local field'. MUFON Case No. 63749, el 13 de marzo de 2015

Paul Mason. 'The end of capitalism has begun'. *The Guardian,* el 17 de julio de 2015

Maestro de Benjamin Creme, El. 'La Gran Decisión'. Revista *Share Internacional,* Vol.31, No.1, energo/febrero de 2012

Benjamin Creme's Master. 'Problemas esperando acción'. Revista *Share Internacional,* Vol.33, No.3, abril de 2014

James McDonald. Material de archivo en: Rosie Jones (dir.; 2010), *Westall '66: A Suburban UFO Mystery.* (Australia: Screen Australia, Film Victoria, Endangered Pictures, 2010)

Dmitry Medvedev. Comentarios fuera del aire realizados después de una entrevista en la televisión rusa, el 7 de diciembre de 2012

James Meek. 'Sale of the century: the privatisation scam'. *The Guardian*, el 22 de agosto de 2014

Howard Menger. *From Outer Space to You*. (EE UU, Clarksburg, VA: Saucerian Books, 1959)

Peter Merlin. "Taking ET home: The birth of a modern myth'. *SUNlite*, Vol.5, No.6, noviembre-diciembre de 2013

Drishya Nair. 'Mass UFO Sighting: Thousands watch "UFO" Hovering in Brazilian Skies during Protests'. *International Business Times*, el 20 de junio de 2013

Minnie Nair. 'Mass UFO Sighting: Spaceship Shoots up Vertically during Hong Kong protests'. *International Business Times*, el 3 de octubre de 2014

Buck Nelson. *My Trip to Mars, the Moon, and Venus*. (EE UU, Missouri: Quill Press Company, 1956)

Tineke de Nooij. *Tineke's paranormale wereld*. (Países Bajos: RTL4 TV, el 27 de marzo de 1996)

Jimmy Nsubuga. 'Does this mystery white light captured by Nasa's Curiosity rover suggest there's life on Mars?'. *Metro UK*, el 8 de abril de 2014

Robert O'Byrne. *Desmond Leslie (1921-2001) – The Biography of an Irish Gentleman*. (Irlanda, Dublin: The Lilliput Press, 2010)

Hillary Ojeda. 'YouTube: Unidentified flying object recorded in Lima today'. *Peru This Week* (2015)

Richard Padula. 'The day UFOs stopped play'. BBC News, el 24 de octubre de 2014

Alberto Perego. *L'aviazione di altri pianeti opera tra noi: rapporto agli italiani: 1943-1963*. (Italia, Roma: Centro Italiano Studi Aviazione Elettromagnetica Roma, 1963)

Alejandro Rojas. 'Protesters in Brazil film UFO while drone films protesters'. Open Minds, el 20 de junio de 2013

Michael Rundle. 'UFOs Outside the International Space Station: Why Do We Keep Seeing Them?'. *Huffington Post UK*, el 26 de enero de 2015

Mary-Ann Russon. 'Nasa's Curiosity Rover Captures "Cigar-Shaped" UFO Orbiting Mars'. *International Business Times*, el 13 de maio de 2014

Sophie Ryan. 'UFOs captured on film near Queenstown'. *The New Zealand Herald*, el 14 de maio de 2014

Carl Sagan. *El mundo y sus demonios*. (España, Barcelona: Editorial Critica, 2017)

Roberto Savio. 'Switzerland Sets Example for Income Equality'. Inter Press Service News Agency, el 11 de marzo de 2013

Peter Senge et al. *Presence – Human Purpose and the Field of the Future*. (EE UU, New York, NY: Crown Business, 2004)

Wilbert Smith. *The Boys from Topside*. (EE UU, Clarksburg, VA: Saucerian Books, 1969)

Wilbert Smith. 'Why I believe in the Reality of Spacecraft'. *Flying Saucer Review*, Vol.4, No.6, noviembre-diciembre de 1958

John Stevens. ' "UFOs" spotted over football stadium as Notre Dame game comes to a standstill'. Mail Online, el 9 de septiembre de 2011

Wendelle C. Stevens. 'Prefacio'. En: Georgio Dibitonto, *Angels in Starships*. (EE UU, Phoenix, AZ: UFO Photo Archives, 1990)

Megan Stewart. 'Nat Baily UFO now identified as Space Centre "hoax"'. *Vancouver Courier*, el 10 de septiembre de 2013

Marianne Szegedy-Maszak. '71 Years Ago FDR Dropped a Truthbomb That Still Resonates Today', *Mother Jones*, el 12 de abril de 2015

Giles Tremlett. 'The Podemos revolution: how a small group of radical academics changed European politics'. *The Guardian*, el 31 de marzo de 2015

Claudia Urbaczka. 'UFO over German protest'. Carta al editor. Revista *Share International*, Vol.31, No.1, enero/febrero de 2012

Joris Verhulst. 'February 15, 2003: The World Says No to War'. En: Stefaan Walgrave & Dieter Rucht (eds). *The world says no to war: Demonstrations against the War on Iraq*. (EE AA, Minneapolis, MN: University of Minnesota Press, 2010)

Arjun Walia. 'Amazing Footage: Thousands Witness UFO over Brazilian Protests'. *Collective Evolution*, el 20 de junio de 2013

Scott C. Waring. 'Dark UFO On Mars Caught by Curiosity Rover, July 2014'. UFO Sightings Daily, el 18 de julio de 2014

Scott C. Waring. 'US Presidents'. UFO Sightings Daily (s.f.)

H.G. Wells. *The New World Order*. The University of Adelaide Library web edition

Sitios web:

www.johnlewispartnership.co.uk

www.payscale.com/data-packages/ceo-income

www.transitionnetwork.org

Entrevista:

Sr. Falco Friedhoff (Países Bajos: Amsterdam, el 4 de abril de 2014)